一砂一世界

一书读懂 MEMS 产业的现状与未来

冯锦锋　马　进　编著

机械工业出版社

本书较为全面地介绍了 MEMS 技术、产品、产业及应用，阐述了 MEMS 基本情况和发展趋势。本书共 6 章，其中第 1、2 章从 MEMS 基础知识入手，分析了其基本概念、发展历史、分类和原理技术等，阐述了 MEMS 作为前沿技术的重要性和独特性；第 3、4 章重点对 MEMS 应用场景和全球视角下的产业布局进行概括分析，充分展示了 MEMS 巨大应用及产业前景；第 5 章则研究了近年来 MEMS 行业的部分经典并购案例及整合方式，讨论了其潜在并购动因和最终整合结果，以资借鉴；第 6 章从产业政策和投融资角度出发，揭示了 MEMS 投资方向和潜在投资机遇。

本书为 MEMS 行业分析人员、投资人员提供了一个全产业视角，为 MEMS 技术的从业者、相关集成电路从业人员提供了对行业发展及其模式的全面梳理，同时也为有志于从事 MEMS、集成电路行业的人员提供了有效参考。

图书在版编目（CIP）数据

一砂一世界：一书读懂 MEMS 产业的现状与未来/冯锦锋，马进编著 . 一北京：机械工业出版社，2019.9（2024.1 重印）
ISBN 978-7-111-63324-2

Ⅰ.①一… Ⅱ.①冯…②马… Ⅲ.①微电机-电机工业-产业发展-研究 Ⅳ.①F407.61

中国版本图书馆 CIP 数据核字（2019）第 152629 号

机械工业出版社（北京市百万庄大街 22 号　邮政编码 100037）
策划编辑：任　鑫　　　　责任编辑：任　鑫
责任校对：乔荣荣　肖　琳　封面设计：马精明
责任印制：郜　敏
北京富资园科技发展有限公司印刷
2024 年 1 月第 1 版第 7 次印刷
169mm×239mm·13.5 印张·196 千字
标准书号：ISBN 978-7-111-63324-2
定价：59.00 元

电话服务　　　　　　　　　　网络服务
客服电话：010-88361066　　机 工 官 网：www.cmpbook.com
　　　　　010-88379833　　机 工 官 博：weibo.com/cmp1952
　　　　　010-68326294　　金 书 网：www.golden-book.com
封底无防伪标均为盗版　　机工教育服务网：www.cmpedu.com

序

一直以来比较关注 MEMS。MEMS 现今已广泛应用于汽车、工业生产、航空航天、家电、移动终端，而中国是全球最大的电子生产和消费大国，我坚信 MEMS 一定是"小器件，有大未来"。

认识锦锋多年，这是一位喜欢研究、善于思考且执行力很强的学弟。2017 年初，他说市面上林林总总数十本 MEMS 书籍均是纯理论路线，对产业投资指导意义有限，因此准备与马进博士一起做些行业分析研究，来听听我的意见；而我认为这是很好的事情，鼓励他朝前走，做一些有益的尝试。

手头看到的这份书稿，较为完整地描绘了 MEMS 产业体系，并有不少鲜活的产业并购案例，向我们呈现出最近几年 MEMS 产业群雄纷争的时代，让我喜悦。又闻锦锋、马进两位撰稿人，愿将稿费所得全部捐赠给公益组织，与我国 MEMS 企业沉得住气、负重前行的形象相得益彰；仔细思来，实乃产业之幸。

乐为之序。

上海集成电路行业协会会长
张素心
2019 年 1 月

前　　言

MEMS 作为实现移动通信、机器人、物联网、无人驾驶、AR/VR、5G 和人工智能产业必备的感知层核心器件，是集成电路发展的新方向和重要载体，更是实现从中国"制造"到中国"智造"转变的关键技术和支撑。随着物联网的兴起，MEMS 已成为国际竞争战略的重要标志性产业，其技术水平和发展规模更是衡量一个国家和地区产业竞争力和综合国力的重要标志。

笔者从 2009 年开始接触 MEMS 相关技术和企业，深感 MEMS 作为特色工艺芯片，麻雀虽小五脏俱全，无论是产品复杂度，还是技术难度，抑或产品的极高可靠性，都不输于那些追求 10nm、7nm 乃至 2nm 的先进逻辑芯片。纵观这么多年 MEMS 的发展，我们清醒地意识到，我国在 MEMS 领域与国际水平相比仍有很大差距。这个差距从两个角度可以看得出：一是种类和规模。MEMS 种类繁多，每一个 MEMS 细分领域产品，大体上都需要独特的加工工艺，进而需要独特的生产设备，这让 MEMS 芯片产品设计、加工制造都形成了极高的门槛。这也是我国众多 MEMS 企业发展至今，却一直未诞生 MEMS 综合门类齐全的大公司的客观原因。反观恩智浦、英飞凌、德州仪器这些大厂，要么依靠数十年的沉淀，要么依靠连续不断的并购，才有了今天动辄成百上千种 MEMS 产品的庞大规模。二是具体的 MEMS 产品，一个非常典型的案例就是 6 轴惯性传感器，具有极其广泛的用途，近 5 年来国内不少厂家宣布研制成功给人以惊喜，但仍然离产业化推广尚有距离。

MEMS 技术最广泛的应用还是各类传感器，因此本书花了较大的篇幅介绍 MEMS 传感器技术、产品及应用。但传感器并非一定需要使用 MEMS 技术，在书中笔者尽可能加以区分，但部分领域难以逐一理清，还请理解。

MEMS 是一项复杂的综合工程，MEMS 技术更是一个渗透到整个电子工业的极为重要的方向，受限于水平和视野，本书谬误之处难免，还请读者不吝指出。

　　联系邮箱：memsbook@126.com。

冯锦锋

目　　录

第 1 章
走在产业前沿的时代骄子

MEMS 技术是一个虽有历史但充满年轻活力的技术，诞生于半个世纪以前，兴起于二十年前。小小的 MEMS 有着大大的玄机，与大家耳熟能详的半导体技术息息相关，但其制造、设计、材料等工艺又独树一帜，迥异于传统的半导体工艺。

2017 年，我国 MEMS 市场规模达到了 430 亿元人民币，同比增长约 20%。预计到 2020 年，在物联网和人工智能等应用需求的强力推动下，我国 MEMS 市场规模有望突破 700 亿元。相关机构预测到 2020 年，压力传感器将占我国 MEMS 市场的 23.0%，加速度传感器占 22.9%，MEMS 陀螺仪占 9.8%，微流控系统占 8.4%，射频 MEMS 器件占 7.0%，硅麦克风占 6.0%，磁传感器占 2.8%。

全球行业研究机构 Yole Developpement 表示，2017 年全球 MEMS 市场规模为 130 亿美元，并将于 2022 年成长至 250 亿美元。

1.1 MEMS 的前世今生

虽然大部分人对于**微机电系统**（Micro-Electro-Mechanical System, MEMS）感到相对陌生，但 MEMS 已经广泛存在于日常生产、生活中，甚至到了无处不在的程度。MEMS 器件在各个领域几乎都有应用，广泛覆盖了以智能电视、智能手机和 VR/AR 头戴式设备等为代表的消费电子产品领域，以数控机床、工业机器人等为代表的机械领域，以无人驾驶汽车等为代表的汽车工业领域，以航天飞机及反导系统等为代表的航空航天和军工领域，以及化工及医疗器械领域。

1.1.1 MEMS 是什么

MEMS 的概念于 20 世纪 50 年代被提出，它是利用集成电路制造技术和微加工技术把微结构、微传感器、控制处理电路甚至接口电路、通信电路和电源电路等制造在一块或多块芯片上的微型集成系统，是微电路和微机械按功能要求在芯片上的集成，属于微电子技术与机械工程结合的一种工业技术。在日本，MEMS 被称为微机械（Micro-machines），欧洲更多地将其定义为微系统（Micro-systems）。此外，操作范围在纳米级的 MEMS 系统被称为纳机电系统（Nano-Electro-Mechanical System, NEMS）。

MEMS 内部通常包括微处理器和若干获取外界信息的微型传感器，能够实现对力、声、光、热、电、磁等信号的感知和处理，为智能系统、消费电子、可穿戴设备、智能家居、系统生物技术的合成、生物学与微流控技术等领域的发展奠定了基础。

典型的 MEMS 系统如下图所示，由传感器、信息处理单元、执行器以及通信/接口单元等组成。MEMS 输入端获取力、声、光等物理信号，通过传感器转换为电信号，经 A-D 转换器转换为能够被电子系统识别、处理的电信号，由执行器实现对外部介质的操作。

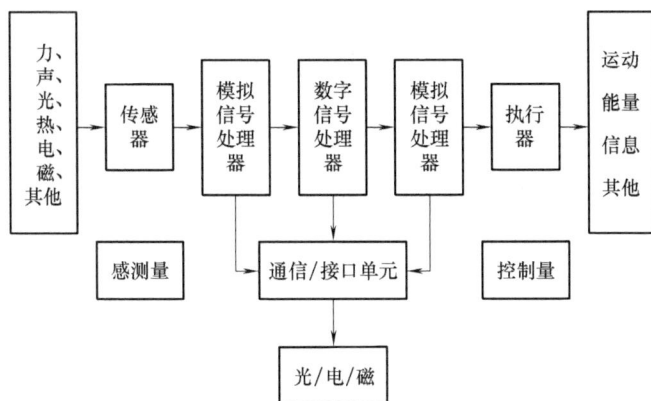

典型的 MEMS 系统结构

MEMS 作为各种消费级和工业级智能硬件的基础，其种类和应用范围非常碎片化和多样化。一般来说，不同待测物理信号对应不同的 MEMS 传感器和执行器，见表 1-1。

表 1-1　不同物理信号对应的传感器及执行器类型

物 理 信 号	传感器（Sensors）	执行器（Actuators）
视觉（Sight）	图像传感器（Imagesensor） 微显示器（Microdisplay） 微测辐射热计（Microbolometers）	微镜（Micromirrors）
平衡（Balance）	惯性器件（Inertialdevices）	—
听觉（Hearing）	麦克风（Microphone）	—
语音（Speech）	—	微扬声器（Microspeakers）
流质（Fluids）	生物芯片（Biochips）	微泵（Micropumps）
射频通信 （RF Communication）	振荡器（Oscillators） 调节器（Tuners） 过滤器（Filters）	交换器（Switches）

（续）

物 理 信 号	传感器（Sensors）	执行器（Actuators）
聚焦（Focus）	—	自动对焦（Autofocus）
嗅觉（Smell）	气体传感器（Gassensors） 电子鼻（Electronicnoses）	—
味觉（Taste）	湿度传感器（Humiditysensors） 电子舌（Electronictongue）	—
压力（Pressure）	压力传感器（Pressuresensors）	—
触觉（Touch）	力和触摸传感器 （Force&touchsensors）	—

MEMS 作为一门综合学科，学科交叉现象极其明显，主要涉及微加工技术、机械学/固体声波理论、热流理论、电子学、生物学等。MEMS 器件的特征长度从 1mm 到 $1\mu m$，甚至更小，其内部结构在微米甚至纳米量级。MEMS 传感器具有体积小、重量轻、功耗低、可靠性高、灵敏度高、易于集成等优点，正在逐渐取代传统机械传感器。MEMS 系统区别于传统的集成电路工艺之处在于材料、器件结构、加工工艺、实现功能和信号接口等方面。常见 MEMS 产品有压力传感器、磁传感器、麦克风、加速度计、陀螺仪、湿度传感器、静电致动光投影显示器、DNA 扩增微系统和催化传感器等。

MEMS 技术自 20 世纪 80 年代末开始受到世界各国的广泛重视，从初始研究的重点方向看，其主要技术途径有以下三种：

- 以美国为代表的、以集成电路加工技术为基础的硅基微加工技术；
- 以德国为代表的 LIGA 技术；
- 以日本为代表的精密加工技术。

各技术具体路径和应用场景如下：

第一种是以美国为代表的利用化学腐蚀或集成电路工艺技术对硅材料进行加工，形成硅基 MEMS 器件。传统上将硅基 MEMS 技术归纳为两大类：体硅加工工艺和表面硅加工工艺。前者一般是对体硅进行三维加工，以衬底单晶硅片作为机械结构；后者则利用与普通集成电路工艺相似的平面加工手段，以硅（单晶或多晶）薄膜作为机械结构。该方法能够与传统

IC 工艺兼容，可实现微机械和微电子的系统集成，而且适合于批量生产，已经成为目前 MEMS 的主流技术。

第二种是以德国为代表的微系统计算，即将深度 X 射线光刻、电铸成型和塑铸等技术相结合形成深层微结构的 LIGA（德文版光刻、电铸和塑铸的缩写，即 Lithographie，Galvanoformung und Abformung）工艺。LIGA 技术制作各种微图形的过程主要由两步关键工艺组成，即先利用同步辐射 X 射线光刻技术光刻出所要求的图形，然后利用电铸方法制作出与光刻胶图形相反的金属模具，利用微塑铸制备微结构。LIGA 技术是进行非硅材料三维立体微细加工的首选工艺，可用来加工各种金属、塑料和陶瓷，并可用来制作具有深宽比大、结构精细、侧壁陡峭、表面光滑等特点的精细结构，其加工深度可以达到几百微米，已用于开发和制造出了微齿轮、微电动机、微加速度计、微射流计等。

第三种是以日本为代表的利用大机器制造小机器，再利用小机器制造微机器的精密加工技术。该技术可以用于加工一些在特殊场合应用的微机械装置，如微型机器人、微型手术台等。

1.1.2　MEMS 的四个阶段

MEMS 技术发展至今已历经半个多世纪，它开辟了一个全新的技术领域和新兴产业，为信息技术的发展和人工智能时代的来临奠定了坚实的硬件基础，其带来的技术变革正在对人类社会产生着新一轮的影响。

19 世纪早期，硅元素的发现为 MEMS 技术的发展奠定了材料基础。20 世纪中叶，压阻效应的发现为微型压力传感器的研制奠定了理论基础。20 世纪 70 年代以后 MEMS 相关技术研究得到了快速发展，其发展过程主要经历了四个阶段。

第一阶段，技术诞生期：始于 20 世纪 70 年代末 80 年代初。1987 年，美国加利福尼亚州大学伯克利分校提出了分别以多晶硅和二氧化硅为结构层和牺牲层的表面牺牲层工艺技术（或称表面微机械），并在此基础上制备出了具有高谐振频率的微硅静电电动机，引起国际学术界的轰动，标志着 MEMS 进入新纪元。1987 年，来自美国麻省理工学院、加利福尼亚州大学伯克利分校、斯坦福大学等的 15 名科学家在参加电气和电子工程师协会（Institute of Electrical and Electronics Engineers，IEEE）的机器人和自动化委员会组织的相关讨论会后，共同提出了"小机器，大机遇：关于新兴领域——微动力学的报告"的国家计划建议书，这标志着 MEMS 技术的正式诞生。这一时期 MEMS 产品主要为微型压力传感器。多年来，MEMS 压力传感器已经发展到电容型、压阻型、压电式、金属应变式、光纤式等多种类型。其中技术最为成熟并且应用最为广泛的是硅压阻式压力传感器和硅电容式压力传感器，两者都是在硅片上生成的微机电传感器。

美国 Kulite 公司开发出了世界上第一款硅基 MEMS 加速度计。日本着手建立了精密机械加工方面的 MEMS 研究组织并启动了为期 10 年，总投资 250 亿日元的"微型机械技术"大型研究计划。德国卡尔斯鲁厄核研究中心提出了一种以高深宽比结构为特色的基于 X 光射线光刻技术的 MEMS 技术——LIGA 工艺，用于制造微齿轮等卫星机械部件。

第二阶段，产品兴起期：出现于 20 世纪 90 年代，主要围绕 PC 和信息技术的兴起。1992 年美国政府将微米级和纳米级 MEMS 制造技术列为对经济和国防的重要技术。1993 年，美国亚德诺半导体公司（AnalogDevicesInc.，ADI）采用 MEMS 技术成功地将微型加速度计商品化，并大批量应用于汽车防撞气囊，这标志着 MEMS 技术商品化的开端。

同年，美国 TI 公司的数字微镜装置研制成功，从此彻底改变投影仪等视频装置的成像方式。这一时期出现的深度反应粒子刻蚀（DRIE）技术以及围绕该技术发展的多种新型加工工艺极大地推动了 MEMS 技术的发展。

第三阶段，汽车电子应用期：出现在 20 世纪末 21 世纪初。2001 年，德国政府计划每年投资 7000 万美元用于 MEMS 技术的研发。2002 年，ADI 的 MEMS 器件销售额超过 1 亿美元，其中绝大部分来自汽车领域的安全气囊、导航、汽车报警和车辆动态控制系统等。

第四阶段，消费电子井喷期：出现在 2006 年以后。MEMS 在汽车领域的应用继续推动市场，但其增长的真正驱动力转向手机、游戏系统和体育应用方面的消费品市场；2006 年，随着任天堂和索尼 PS3 等新一代游戏机开始采用 MEMS 加速度传感器，MEMS 产业终于打破了过去 10 多年来依赖汽车应用的宿命。

MEMS 的快速发展是基于 MEMS 出现以前已经相当成熟的微电子技术、集成电路技术及其加工工艺。如前所述，MEMS 往往会采用常见的机械零件和工具对应微观模拟元件，例如它们可能包含通道、孔、悬臂、膜、腔以及其他结构。然而，MEMS 器件加工技术并非采用传统的机械式，相反，它们采用了类似于集成电路批处理式的微制造技术，从而显著降低了大规模生产的成本。举例来说，如果单个 MEMS 传感器芯片面积为 5mm×5mm，则一个 8in（直径 20cm）硅片可切割出约 1000 个 MEMS 传感器芯片，分摊到每个芯片的成本则可大幅度降低。因此，提高 MEMS 市场竞争力的手段，除了我们通常理解的要提高产品本身的性能和可靠性之外，还需要将大量的研发精力集中于通过减小 MEMS 尺寸以在硅片上切割出更多芯片，减少工艺步骤总数等。

现如今 MEMS 研究进入了高速发展时期，其在国民经济和军事系统方面都有着广泛的应用前景，在声学、光学、汽车工业、航空航天、生物和能源等各领域获得了广泛的应用。

MEMS 在 21 世纪将会有更大的发展。我们应该正视在高技术领域中的激烈竞争，争取在不远的将来在国际上占有一席之地，迎接 21 世纪技术与产业革命的挑战。

1.2　小小的 MEMS 有大大的玄机

MEMS 相关技术主要包括微机械设计、微机械材料、微细加工、微装配与封装、集成技术、微测量等技术基础研究。在当前 MEMS 所能达到的尺寸下，宏观世界基本的物理规律仍然起作用，但由于尺寸缩小带来的影响，许多物理现象与宏观世界有很大区别，因此许多原来的理论基础都会发生变化，如力的尺寸效应、微结构的表面效应、微观摩擦机理等。这些涉及更广泛的学科，包括微动力学、微流体力学、微热力学、微摩擦学、微光学和微结构学等。因此，MEMS 研究的难度较大，需要多学科。本小节试图框架性地分析典型 MEMS 器件的基本结构、工作机理、制作技术、加工设备，研究 MEMS 设计、制造、封装等关键技术点，借此揭示小小的 MEMS 中所蕴含的玄机。

1.2.1 基本结构及原理

MEMS 器件一般包括传感器（Sensor）、信号处理器（或叫控制器，CPU 或 MCU）和执行器（或称致动器，Actuator）三部分。传感器用于接收外界的信息；信号处理器（控制器）对从外部接收的信号进行处理；致动器则接收来自控制器的指令并做出要求的动作反应。

为了了解 MEMS 工作机理，首先需要了解什么是一个机械系统。从标准动力学方程（拉格朗日力学）可以知道，一个机械系统的三个关键元素是质量（m）、阻尼（c）和刚度（k）。其中阻尼 c 也称阻尼系数或阻尼常数 γ。拥有了这三个最基本的元素，就是一个最简单的机械系统了。

$$m\ddot{x} + c\dot{x} + kx = F_{\text{external}}$$

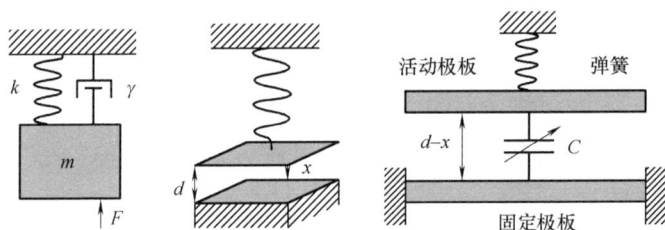

MEMS 原理及基本结构

借助于这种微小的机械系统，一些来自环境中的信号可以被转换为机械系统中的一种运动状态。以 MEMS 加速度传感器为例，这是一种最简单的 MEMS 惯性传感器，其原理是将设备所具有的加速度状态转化为一种机械位移。一旦这种 MEMS 器件内机械位移的量被测得，与其相关的加速度的大小也将能够得知。一种普遍的测量位移量的方法是测量一组平行板电极的电容值变化，因为电容值是一个和电容板间距有关的函数，可以利用机械系统内的位移量改变电容板间距，那么位移量的变化就可以在电容值的变化上得以体现。通过 MEMS 器件，一种电容信号和加速度信号之间的联系得以建立，同时也是通过 MEMS 器件，来自外部环境的信号经微型的机械系统转换成电容典型的电信号。这就是 MEMS 器件工作原理的本质。

1.2.2　MEMS 设计

　　MEMS 设计技术的综合性比较强，涵盖各个方面的内容，不仅需要有相应的概念设计作为指导，还需要相应的计算机提供服务，从而对数据进行更好的分析。MEMS 设计的后续加工与测试工作也在设计技术涵盖的范围之内，设计技术对整体的产品性能起着关键性的作用。相较于加工技术，MEMS 设计技术有着更高的要求，其辅助机械与技术是非常重要的，尤其是计算机辅助设计的应用。MEMS 设计技术在当前的发展中更趋向于自动化、智能化，从而满足时代多元化的需求，提高产品设计的效率，更好地拓展市场，实现产品设计的实用性。

1.2.2.1　MEMS 设计方法

　　设计方法是设计工作的基础，其不仅是设计理念的充分体现，也是对设计行为的基本规范。MEMS 设计技术的重点是要体现非电信号与电信号、电能与机械能等能量之间的转换。MEMS 器件在设计、加工、制作中遇到的非经典物理问题是其基础理论研究的重点。当器件的结构尺寸缩小到微米量级时，许多在宏观情况下可以忽略的物理现象都要重新予以考虑，如微摩擦、微阻尼、微吸附力、微静电等，不仅不能忽略而且这些还将成为主要的因素，因此需要从微能量传输的角度予以研究。

　　MEMS 设计主要包括微结构及微系统建模设计及与集成电路的混合设计等。目前 MEMS 通常的设计方法包括结构化设计法、自顶向下设计法、层次化设计法等；微器件建模是通过 CAD/CAM 计算机辅助设计工具进行模拟仿真，如器件级模拟、电路级模拟、系统级模拟；建立标准的 MEMS 器件仿真库可以增强 MEMS 设计的可重用性和效率。

　　如下图所示，MEMS 设计基本流程可划分如下：

　　● **缩放和小型化**

　　MEMS 设计和制造的介绍往往起始于对缩放和小型化的回顾。例如，如果我们问，为什么不能简单地将一个空气压缩机或吊扇收缩到跳蚤大小的规模？答案是压缩定律。跳蚤大小的吊扇与一个正常大小的风扇的运行

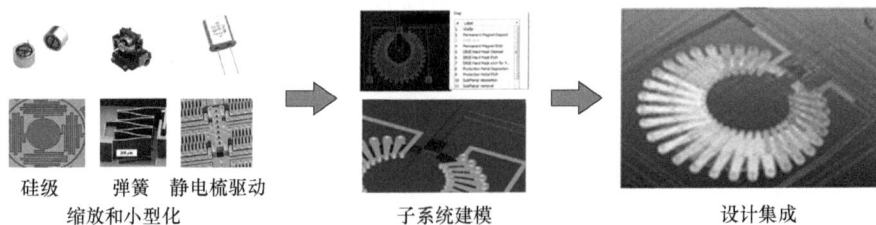

硅级　弹簧　静电梳驱动
缩放和小型化　　　　　　子系统建模　　　　　　设计集成

MEMS 设计基本流程

方式不同，因为所涉及力之间的相互强度发生了变化。比例因子 μ 有助于理解这中间发生了什么变化。考虑一个矩形，其面积等于长度和宽度的乘积。如果矩形按比例因子缩小 100（即长度/100 和宽度/100）倍，该矩形的面积缩小为原来 $(1/100)^2 = 1/10000$。因此，面积的比例因子是 μ^2。同样，体积的比例因子是 μ^3。因此随着缩放越来越小，体积的影响比表面（面积）的影响更大。

在一个给定的规模上，谨慎考虑不同力的比例因子可以揭示其中最相关的物理现象。表面张力的比例因子是 μ^1，压力以及静电相关的力是 μ^2，磁场力是 μ^3，以及重力为 μ^4。这就解释了水蝇可以在水面上行走的原理，以及为何一对滚球轴承的表现与一个双星子系不同。虽然任何设计中都需要开发完整的数学模型，但比例因子有助于指导我们如何设计 MEMS 大小的器件。

- **子系统建模**

由于亚毫米器件的直观性不强，模型对 MEMS 设计来说非常必要。一般来说，一个完整的微机电系统太过复杂，难以从整体上进行模型分析。因此，通常要将该模型划分为多个子系统。

子系统建模的其中一种方式是按功能进行分类，比如传感器、动作器、微电子元件、机械结构等。集总元件建模采用了这种方法，将系统的物理部分表示为理想化特征的分离元件。电子电路以同样的方式进行建模，使用理想化的电阻、电容、二极管以及各种复杂元件。据了解，在适当的情况下，电路建模时电气工程师会使用大大简化的基尔霍夫电路定律，而不是使用麦克斯韦方程。

如同电子领域一样，系统可以使用框图进行更抽象的建模。在该层次上，可以非常方便地将每个元件的物理特性放置在一边，且仅使用传递函数来描述系统。这种 MEMS 模型将更有利于控制理论技术，这是最高性能设计的一套重要工具。

● **设计集成**

标准 IC 设计通常由一系列步骤组成，但 MEMS 设计截然不同。MEMS 的设计、布局、材料以及封装本质上是交织在一起的。正因为如此，MEMS 设计比 IC 设计更复杂，通常要求每一个设计"阶段"同步发展。

● **仿真和原型测试**

MEMS 研究人员使用一系列的工程软件工具来对设计进行仿真和原型测试。MEMS 设计中经常用到有限元分析。对动态力，热度等的仿真可以通过 ANSYS、COMSOL、IntelliSuite 和 CoventorWare- ANALYZER 等软件来实现。其他软件，比如 ConvertorWare- ARCHITECT 和 MEMS- PRO 可用来开发更适合加工制造的产品布局，甚至用来仿真嵌入型的 MEMS 系统。

MEMS 设计模拟方法主要有三种：有限元 FEM、边界元 BEM 和有限差分。器件级设计、工艺级设计、系统级设计是不同的设计手段，其难度层次逐级递减。

系统级设计（见下图）的整体性是比较强的，需要综合各个方面的内容进行分析，数值分析法在其中的应用具有一定的局限性，其设计方法的优化更加趋向于简单动态模型的构建，减少了 MEMS 设计技术中多种能量之间的转换。器件级设计是较为单一的，有着针对性的研究对象，但是需要进行大量的数据分析。在实际产品设计中，可以加强数值分析法在器件级设计中的应用，通过大量信息数据的收集提供更为扎实的理论依据。但需要重点注意的是，数值分析法在具体应用中存在的局限性，所需时间较长，需要进行重点的优化。工艺级设计与硅机械加工技术有着紧密的联系，主要进行精密的加工，对尺寸进行精密的计算与优化。

在当前的发展过程中，MEMS 设计技术一般涉及毫米到微米加工环节，而且其封装技术和集成版图设计也有着较大的优势，设计工艺比较成熟，可以大大提高版图设计的效率，降低封装的成本，这给传感器性能的提高

11

奠定了基础。

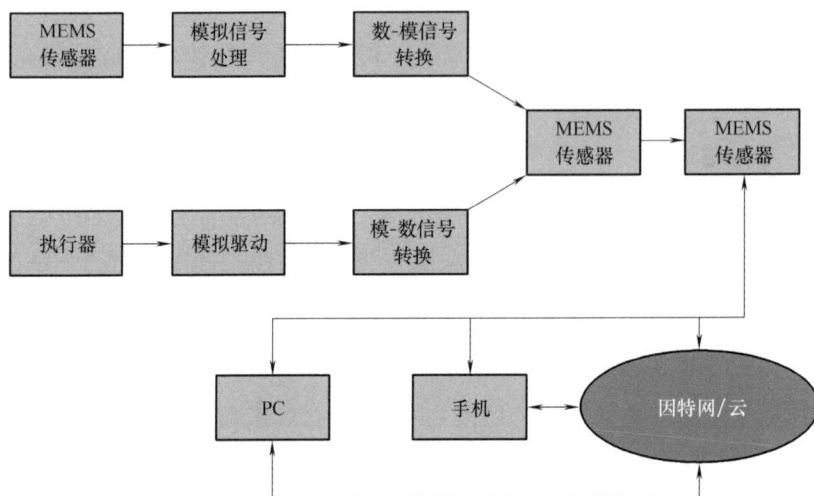

系统级 MEMS 设计

1.2.2.2 MEMS 传感器设计关键技术

• MEMS 传感器的智能集成设计

MEMS 传感器的智能集成设计主要是从传感器的各项指标出发的，对传感器的使用性能进行优化，提高其稳定性、安全性。

首先，MEMS 技术是从传感器基本框架模型出发的，对系统进行整体性的开发，通过对系统内部结构的优化，提高系统的可用性。在实际的操作过程中，MEMS 技术对系统的优化采取自上而下的方法。其步骤如下：第一，对传感器的系统需求、特性、加工性能进行分析与了解，从而得出系统设计的基本方向；第二，系统设计需要将传感单元设计与信号评测电路设计相结合，进行机械布局与电子布局，这是系统设计的基本框架；第三，对机械布局与电子布局进行整合，形成整体性布局，完成系统开发的基本流程。在系统设计的过程中，需要注意每个步骤之间都有一定的联系，自上而下进行，同时也自下而上地进行信息的反馈，发现在设计环节存在的缺陷，进行及时的调整。

其次，构建传感器智能化模型时，要对系统的功能进行相应的调配，实现各个功能具体的分工。智能传感器系统软硬件实现的完成，可以充分体现性能的整体优势。

最后，传感器系统的具体应用，采用多传感器信息融合算法，并且结合人工智能，实现传感器的自动化与智能化处理。

- **MEMS 多场耦合和仿真分析**

微器件有多种类型，是微机电系统的重要组成部分。MEMS 技术设计的范围是比较广泛的，其能量之间的转换涉及光学、物理学、化学等领域。结构动力学、热传输学、流动动力学和电磁学是 MEMS 系统的交叉学科，不同的组合方式形成了不同的应用原理，如热激励响应热致动器、微制冷器流量和热传感器等。为准确地预测微器件在实际工作中的响应特性，需要对微结构进行静态、模态（瞬态）谐响应分析，以及结构、热、流体、电磁等多物理场分析。通过耦合场分析，能较准确地模拟微尺度下静电-结构-流体等多物理场之间的相互作用情况，分析微机电器件在多种物理机制下的综合作用的结果。例如，通过分析静电场对微结构固有频率漂移的影响，从而控制电压的大小调节系统的频率，以提高器件的工作性能。

MEMS 多域耦合是一个较为复杂的系统，对系统设计的科学性、合理性有着较高的要求，保证物理域综合可以正常运行。电域、结构力学域、热域、流体域是常见的多域耦合效应，电域与热域、结构力学域之间有一定的关系，而结构力学域、热域与流体域之间也有一定的关系，通过关系交合可实现能量转换。在 MEMS 多域耦合中，需要重点关注各个领域的特性，进行有针对性的分析优化，通过调整达到平衡状态。能量场分为保守能量场、非保守能量场两种。保守能量场能量是守恒的，非保守能量场存在能量损耗，需要用解析法进行单独的运算求解。MEMS 多域耦合在多物理域的条件下，运算具有一定的难度，此时可以利用降价法进行处理，并综合多方面的情况进行求解，从而实现高效精确的求解，取得更好的效果。耦合 MEMS 器件的动态仿真也是存在的问题之一，采用降价法进行处理有利于模型的构建，也可以形成更为整体性的系统。微机电系统的模拟设计主要分为系统级模拟、基于能量的宏模型和器件级模拟，不同的层次相应的要求也不同。

- **数模电路设计及仿真技术**

MEMS 敏感的信号都需要经过接口电路处理，并反馈给执行部件。由于 MEMS 处理的信号通常比较小，如微陀螺仪的典型位移为 $10^{-3} \sim 10^{-4}$ mm，引起的电容变化只有 $10^{-18} \sim 10^{-19}$ F，输出电压只有微伏甚至纳伏量级，因此接口电路的设计和仿真技术都要特别针对小信号的提取和处理，同时为电路的版图设计提供依据。

- **面向 MEMS 的多学科优化设计和算法**

MEMS 设计的关键在于多学科之间的交叉，通过对不同材料的加工方法进行综合，实现多物理域的协调，从而使得 MEMS 多域耦合更好的配合运行。MEMS 系统设计的复杂性较高，在实际的操作中可以通过层级系统、非层级系统和混合层级系统等进行具体的划分，从而进行细化研究。层级系统以分级的方式进行划分，形成一种树状结构，其系统构造较为简单。非层级系统是网状结构，多物理域相互之间的联系紧密，形成不同的交互关系。混合层级系统是树状与网状的混合，对于系统的划分有着更大的优势，在 MEMS 优化设计中的应用是比较广泛的。MEMS 系统的优化主要分为四个框架，分别是系统结构、封装子系统、非 MEMS 子系统详细设计、器件结构。对于非 MEMS 子系统详细设计和封装子系统需要进行重点的详细设计，器件结构也需要关注生产成本和驱动方式，并从加工工艺的提高等方面入手，提高系统的性能与安全。MEMS 多学科优化设计是根据其系统的复杂性进行的，多个领域的交叉配合，对方案设计也提出了更高的要求，通过对子系统的优化，并且以其为基础进行系统的整合，充分体现子系统的优势。在系统的优化设计中，子系统既可以独立运行，也可以结合进行，以实现信息更好的交流，为数据的分析提供更多的理论依据。

总之，通过充分利用各个学科（子系统）之间的相互作用所产生的系统效应，可获得设计的最优解。另一方面，从系统级设计到器件级设计的参数传递过程也是一个优化过程，它以设计的规格要求为目标，以器件的行为或结构参数为变量建立优化函数，采用多因素、多目标的优化算法求解，得出器件的行为或结构参数，为器件设计提供依据。系统级优化的结果可以直接参数化驱动生成器件的实体模型或版图。

- **宏模型技术**

描述器件行为比较精确的做法是采用有限元方法，但是器件的有限元模型的自由度较多且较复杂，与接口电路不易集成，因此可使用器件的宏模型来代替有限元模型进行器件的行为描述。根据器件的多物理场分析可以从中提取器件的宏模型。

- **三维实体到二维版图的转换技术**

以往 MEMS 设计人员都是从二维的掩模版图开始设计 MEMS 器件，但由于掩模版图是二维的，不能直观地反映器件的结构特征。因此人们往往希望从更直观的器件三维实体模型开始进行设计，同时能够实现从三维实体到二维版图的自动转化，这将彻底改变以前人们从版图开始设计的习惯，提高设计效率。从三维实体通过工艺定义自动生成二维版图的技术是一种切实可行的解决办法，所设计开发的工艺编辑器较好地解决了这一问题。

- **工艺可视化及加工仿真技术**

微细加工工艺的步骤繁多，并且大都是一些平面工艺，不够直观。利用虚拟现实技术和三维实体构造技术进行微细加工工艺的可视化，可以对每一道工艺的加工结果进行可视化评估。加工仿真是在已知加工工艺和掩模版图的前提下，通过仿真可得到器件的最终三维实体模型。这样的实体模型分为两类：根据加工的真实物理行为建立器件的几何模型；通过对加工工艺效果的粗略近似，建立器件的几何模型。加工仿真技术可以直接利用单步工艺可视化技术的结果进行计算。

- **参数化元件库技术**

在自顶向下的设计流程中，不同设计人员开始设计的起点不同。如系统级用户需要进行利用参数化驱动的元件库建立系统的原理图，器件级用户需要利用参数化的实体元件建立器件的实体模型，工艺级用户还需要用到参数化的版图库建立器件的版图，因此利用相应的软件进行参数化建模也是集成设计的一个关键技术。在 MEMS 集成设计平台中建立完全参数化的三级元件库，可以重复利用已有的研究成果达到快速设计的目的。

1.2.3　MEMS 制造

1.2.3.1　MEMS 制造材料

MEMS 器件中每个材料的特性都影响着器件的性能，如果想要对 MEMS 进行全面的了解，就必须先了解构成器件的材料。通常，加工一个 MEMS 器件需要经过在衬底上生长结构层、牺牲层、掩膜层等多步工序，因此，与加工工序相关的刻蚀选择比、材料粘附性、微结构性质等就成了设计过程必须考虑的因素。MEMS 器件由多种材料构成，而且每种材料都发挥着不可替代的作用。

MEMS 中所使用的硅基材料主要有如下几类：

- **单晶硅**

单晶硅的晶格为金刚石结构，它的电子禁带宽度为 1.1eV。与其他半导体材料一样，可以通过掺杂来改变其电导率。磷（P）是常用的 N 型杂质，而硼（B）为常用的 P 型杂质。硅的表面覆盖着一层固态二氧化硅（SiO_2），在大多数条件下 SiO_2 的化学特性非常稳定。单晶硅是一种很脆的材料，其杨氏模量约为 190GPa（钢的杨氏模量大约为 210GPa）。

在 MEMS 应用中，单晶硅是最通用的体加工材料，因为它有良好的各向异性腐蚀特性以及与掩膜材料的兼容性。在表面微机械加工中，不管器件结构本身是不是硅材料，单晶硅衬底都是最理想的 MEMS 结构平台。而在硅基集成 MEMS 器件中，单晶硅又是 IC 器件中的首选载体材料。

- **多晶硅**

多晶硅具有比单晶硅更优越的机械性能，其与 SiO_2 之间具有较高的刻蚀选择比。在 MEMS 器件制作过程中，多晶硅薄膜在淀积之后一般要进行一次或多次高温工艺处理（如注入、热氧、退火等）。这些高温工艺会导致多晶硅晶粒再晶化，使薄膜的晶向改变，平均晶粒尺寸也会显著增加，同时多晶硅薄膜的表面粗糙度也会增加，当然这是不希望出现的，光滑的表面对于许多微结构是至关重要的。因为粗糙度会限制图形分辨率，且粗糙表面伴随的缺陷可能导致后期器件的失效。为解决此问题，一般采用化学机械抛光（CMP）来降低表面粗糙度。

- **多孔硅**

多孔硅是另一种类型的硅基材料。高面积-体积比使多孔硅在 MEMS 应用中极具潜力，已经在气体、流体方面得到应用，如用于化学和质量传感的过滤膜吸收层。高面积-体积比使多孔硅可以作为形成厚热氧层的初始材料，因为合适的孔径可以满足热氧时的体积膨胀。当采用单晶硅制备多孔硅膜时，未被腐蚀的单晶硅还可作为外延生长的平台。已有实验证明，CVD 薄膜不会进入到多孔区内，而是覆盖在硅片表面孔上，将电化学腐蚀、外延、干法刻蚀（产生通道）和热氧等工艺合理结合，利用多孔硅可以在绝缘层上形成局部硅结构。多孔硅在 MEMS 中的一个重要应用是作为牺牲层，硅结构层的电气隔离可以通过选择注入形成 PN 结实现，或者采用绝缘薄膜。虽然弱的硅腐蚀剂会强烈腐蚀多孔区，由于孔只会在施加了电压的表面产生，所以对硅结构层的影响很小。因此，多孔硅特别适合那些在 HF 酸中稳定并耐高温的微加工工艺。

- **二氧化硅**

SiO_2 可以热生长在硅衬底上，也可以通过工艺手段淀积在硅衬底上。在多晶硅表面微加工技术中，SiO_2 常作为牺牲层材料。此外，SiO_2 也用作干法刻蚀多晶硅膜的刻蚀掩膜，因为 SiO_2 与多晶硅的干法刻蚀剂不发生化学反应。

常用的 SiO_2 生长和淀积工艺是热氧化和 LPCVD。等离子体增强化学气相淀积（PECVD）可以淀积低应力、厚度大的 SiO_2 膜，用作微机械的绝缘层。选择 PECVD 的主要原因是它能在适当的速率下淀积较厚的 SiO_2 膜。

- **氮化硅**

Si_3N_4 是 MEMS 中应用十分广泛的绝缘、表面钝化、刻蚀掩膜和机械结构材料。通常用两种方法淀积，即 LPCVD 和 PECVD。PECVD Si_3N_4 一般为非化学计量配比且可能含有较高浓度的氢。由于膜的多孔性，PECVD Si_3N_4 在 HF 中的腐蚀速率很快（如通常高于热氧化 SiO_2），这限制了它在微加工的应用。但是，PECVD 提供了淀积零应力 Si_3N_4 膜的可能，这是很多 MEMS 应用梦寐以求的，尤其在密封和封装领域。与 PECVD 不同，LPCVD Si_3N_4 对于化学侵蚀有较强抵抗力，因而使得它成为很多 MEMS 加工的首选材料。

● **碳化硅**

SiC 由于具有良好的机械性能和电性能而受到人们越来越多的关注。SiC 表现出了高强度、大刚度、低内部残余应力、较好的耐高温和耐腐蚀性、能在恶劣的环境下工作等优点。这些特性使 SiC 适合制造高温、高功率及高频电子器件，高温半导体压力传感器。目前已经开发出碳化硅高温温度、气体、压力传感器。已开发的高温温度传感器有刚玉基片上的 SiC 热敏电阻和硅衬底上的 SiC 热敏电阻两种。高温气体传感器是以 6H-SiC 为主要材料。

1.2.3.2 关键加工技术

典型的 MEMS 加工技术主要分为硅基 MEMS 加工技术和非硅基 MEMS 加工技术。

1. 硅基材料 MEMS 加工技术

硅基 MEMS 加工技术是制作微传感器、微执行器和 MEMS 的主流技术，是近年来随着集成电路工艺发展起来的，它是离子束、电子束、分子束、激光束和化学刻蚀等用于微电子的加工技术，目前越来越多地用于 MEMS 的加工中，例如溅射、蒸镀、等离子体刻蚀、化学气相淀积、外延、扩散、腐蚀、光刻等。在以硅为基础的 MEMS 加工工艺中，主要的加工工艺有腐蚀、键合、光刻、氧化、扩散、溅射等。

硅基 MEMS 加工技术主要包括：体硅 MEMS 加工技术和表面 MEMS 加工技术。

（1）体硅 MEMS 加工技术

目前主要的体硅工艺包括湿法 SOG（玻璃上硅）工艺、干法 SOG 工艺、正面体硅工艺、SOI（绝缘体上硅）工艺、固相键合技术等。体硅 MEMS 加工技术的主要特点是对硅衬底材料的深刻蚀，从而得到较大纵向尺寸可动微结构。

● **湿法 SOG 工艺**

SOG 工艺是通过阳极键合技术形成牢固的硅-氧键将硅圆片与玻璃圆片粘在一起，硅作为 MEMS 器件的结构层，玻璃作为 MEMS 器件的衬底层，如下图所示。

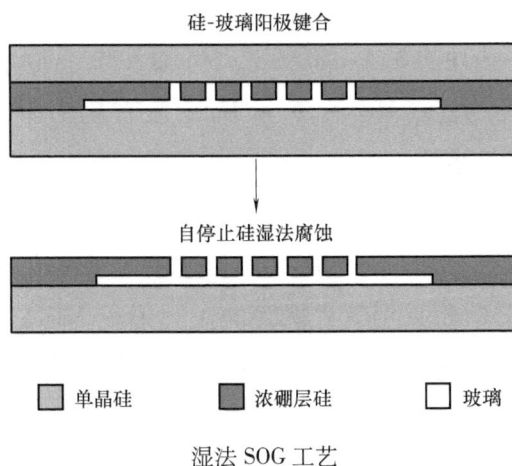

硅-玻璃阳极键合

自停止硅湿法腐蚀

□ 单晶硅　■ 浓硼层硅　□ 玻璃

湿法 SOG 工艺

　　其结构层由浓硼层形成，对于各向异性的腐蚀液 EDP、KOH 或者 TMAH，当硼掺杂原子浓度不小于 10^{19} 原子/cm^3 时，KOH 腐蚀速率下降 5～100 倍（相对同样的单晶硅），对于 EDP 腐蚀液，腐蚀速率下降 250 倍。所以可利用各向异性腐蚀液对高掺杂层的低腐蚀速率特性达到腐蚀停止的目的。采用深反应离子刻蚀（DRIE）工艺在浓硼层上形成各种设计的 MEMS 结构再与玻璃键合，采用自停止腐蚀去除上层多余的单晶硅即完成了加工，如下图所示。

湿法 SOG 工艺制作的 MEMS 陀螺仪

　　受扩散深度与浓度的限制，MEMS 器件结构层的厚度一般小于 $30\mu m$，而且高浓度掺杂会造成硅结构损伤从而带来结构应力，硅与玻璃的材料不匹配性也会带来较大结构应力，而自停止硅湿法腐蚀具有较低的加工精度，且由于存在高温工艺也不适用于与 IC 的单片集成，但此工艺比较成熟，工艺简单，也适合一些性能要求不高的 MEMS 器件的加工以及批量加工。湿法 SOG 加工技术适合多种 MEMS 芯片的加工，如 MEMS 陀螺仪、MEMS 加速度计、MEMS 执行器等。

- **干法 SOG 工艺**

与湿法 SOG 工艺相比，干法 SOG 工艺的主要变化在于去掉了浓硼掺杂与湿法腐蚀，而是采用磨抛减薄的工艺形成 MEMS 芯片的结构层，省去了高温长时间硼掺杂会降低对结构层的损伤，也避免了有毒或者容易带来工艺沾污的湿法腐蚀步骤。与湿法 SOG 一样，干法 SOG 同样具有不利于与 IC 集成的缺点。干法 SOG 加工技术适合多种 MEMS 芯片的加工，如 MEMS 陀螺仪、MEMS 加速度传感器、MEMS 光开关、MEMS 衰减器等。干法 SOG 加工技术采用了先键合后刻蚀（DRIE）结构的过程如下图所示。

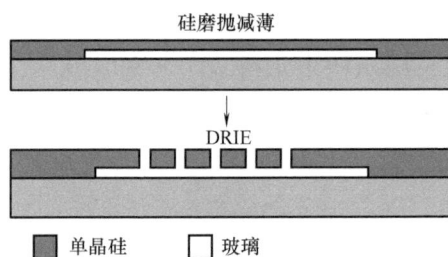

干法 SOG 工艺

- **正面体硅工艺**

正面体硅工艺结合了深刻蚀、浓硼掺杂与湿法腐蚀工艺步骤，首先对 N 型硅片进行浓硼掺杂，其浓度应满足硅湿法自停止腐蚀要求，然后 DRIE 硅结构，刻蚀深度大于浓硼层的厚度，最后在自停止腐蚀液里进行腐蚀，释放结构。一次掺杂正面体硅工艺的结构厚度一般小于 $30\mu m$，采用两次掺杂的正面体硅工艺的结构厚度可达 $60\mu m$。

- **SOI 工艺**

与其他工艺相比，SOI 工艺采用全硅结构，通过硅-硅键合技术将硅与硅片粘接在一起，由于是全硅结构，因此不存在由于热膨胀系数带来的应力影响，结构层厚度可达 $80\mu m$，并具有较高的加工精度，易于单片电路集成。SOI 工艺与 IC 工艺具有更好兼容性，适用于更多的 MEMS 器件的制造，可用于制作 MEMS 惯性器件（包括陀螺仪、加速度计、振动传感器等）、MEMS 光学器件（包括光开关、衰减器等）、生物 MEMS、流体 MEMS 等，是目前的主流加工工艺和发展趋势。

- **固相键合技术**

固相键合技术的思路来源于 SOI 技术，机理是分子键键合，把两个固态部件键合在一起的加工技术，以形成复杂的三维机械结构，其典型键合模式是硅-玻璃、硅-硅、金属-玻璃间的键合。晶片键合技是不使用黏结剂，而将两块固态材料键合在一起的方法。硅-玻璃键合和硅-硅键合是目前两种主要的键合形式。

（2）表面 MEMS 加工技术

表面 MEMS 加工技术又称表面牺牲层腐蚀技术，是在集成电路平面工艺基础上发展起来的一种 MEMS 工艺。其主要通过在硅片上生长氧化硅、氮化硅、多晶硅等多层薄膜，将其制作加工成 MEMS 的"机械"部分，然后使其局部与硅体部分分离，呈现可运动的机构。分离主要依靠牺牲层技术。利用表面工艺得到的可动微结构的纵向尺寸较小，但与 IC 工艺的兼容性更好，易于电路实现单片集成。

表面硅 MEMS 加工技术主要由淀积和刻蚀两种工艺组成，利用硅平面上不同材料的顺序淀积和选择腐蚀来形成各种微结构。它的基本思路是：先在基片上淀积一层称为牺牲层的材料，然后在牺牲层上面淀积一层结构层并加工成所需图形。在结构层加工成形后，通过选择腐蚀的方法将牺牲层腐蚀掉，使结构材料悬空于基片之上，应用这种技术可制作各种尺寸极小的悬式结构，如微型悬臂、微型桥和微型腔体等。其淀积的工艺主要应用蒸发、溅射和电镀技术。适用的衬底材料包括：硅、砷化镓、AlO、石英等。表面硅 MEMS 工艺技术与常规 IC 工艺兼容，大量应用了标准 IC 工艺的薄膜技术、图形制作技术，便于集成微机械元件制作，并为后续的微元件保留足够空间，从而直接形成具有一定功能的传感器，实现在单个直径为几十毫米的单晶硅基片上批量生成数百个 MEMS 装置。下图是一套表面牺牲层加工工艺流程。首先在衬底上淀积牺牲层材料（氧化硅）并形成可动微结构与衬底之间的连接窗口，然后淀积作为微结构的材料并光刻出所需的图形，最后利用湿法腐蚀去掉牺牲层，这样就形成了既能够活动又与衬底相连的微结构。

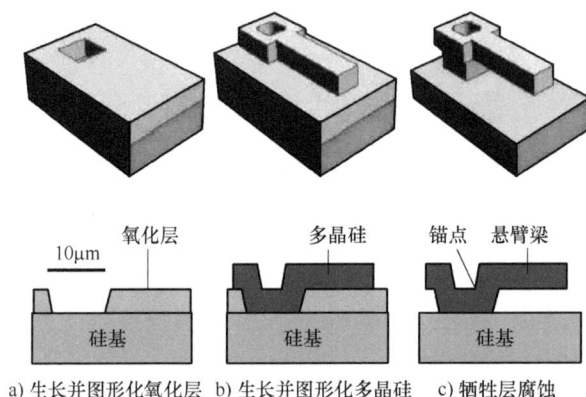

a) 生长并图形化氧化层　b) 生长并图形化多晶硅　c) 牺牲层腐蚀

MEMS 表面加工技术

- **低应力薄膜技术**

表面硅 MEMS 加工工艺主要是用不同方法在衬底表面加工不同的薄膜，并根据需要事先在薄膜下已确定的区域生长牺牲层。这些都需要制膜工艺来完成。制膜的方法有很多，如蒸镀、溅射等物理气相淀积法（PVD）、化学气相淀积法（CVD）以及外延和氧化等。其中 CVD 是微电子加工技术中最常用的薄膜制作技术之一，它是在受控气相条件下，通过气体在加热基板上反应或分解使其生成物淀积到基板上形成薄膜。CVD 技术可以分为常压（APCVD）、低压（LPCVD）、等离子体增强（PECVD）等不同技术。采用 CVD 所能制作的膜有多晶硅、单晶硅、非晶硅等半导体薄膜，氧化硅、氮化硅等绝缘体介质膜，以及高分子膜和金属膜等。在表面硅 MEMS 加工技术中最常用到的是多晶硅、氧化硅、氮化硅薄膜，而它们通常采用 LPCVD 或 PECVD 来制作。

LPCVD 多晶硅是利用硅烷（SiH_4）热分解形成的硅淀积在基片上制成的。多晶硅、氧化硅、氮化硅薄膜都可以采用 LPCVD 制作。一般来说，LPCVD 淀积制作的氮化硅薄膜呈现出很大的张应力（约 1000MPa），但是通过调整淀积温度和反应气体流量可以制作出低应力（小于 100MPa）的氮化硅薄膜，这种低应力 LPCVD 氮化硅薄膜在 MEMS 领域已获得了广泛的应用。

PECVD 法是利用辉光放电的物理作用来激活化学气相淀积反应。其淀积温度一般在 400℃ 以下，可以用来淀积氧化硅、氮化硅、PSG、BPSG、Al_2O_3 等绝缘体、钝化膜、非晶硅薄膜、有机化合物和 TiC、TiN 等耐磨抗蚀膜。在表面硅 MEMS 工艺中，PECVD 主要用来制作低应力氮化硅薄膜。PECVD 氮化硅是在低于 400℃ 条件下，利用 SiH_4 和 NH_3（或 N_2）反应形成。PECVD 氮化硅的应力控制可以通过调整反应气体流量和等离子体的激活频率来实现。

- **牺牲层技术**

牺牲层技术是在硅基板上，先制作一定形状的牺牲层材料，再用化学气相淀积等方法形成制作微型部件的结构层。最后，以溶解或刻蚀法去除牺牲层，使微型部件的可动部分与基板分离。理想的牺牲层材料必须满足以下要求：膜的厚度必须控制在可接受的公差内，否则将导致机械部件表面粗糙或不平整；牺牲层在结构层部件释放时，必须能够被去除干净；牺牲层的腐蚀选择率和腐蚀速率必须很高，以便在腐蚀牺牲层时，其他部分不被明显损伤。

在表面硅 MEMS 加工技术中，通常是以 LPCVD 制作的多晶硅作为结构层，而以 LPCVD 或 PECVD 制作的 PSG 或 PBSG 作为牺牲层材料。PSG 或 PBSG 结构疏松，可以在氢氟酸（HF）水溶液中以较快的腐蚀速率被去除干净。而多晶硅在 HF 水溶液中的腐蚀速度非常慢，在经过长时间腐蚀 PSG 或 PBSG 后，多晶硅结构层不会发生明显腐蚀。

在早期的 MEMS 器件中发现，在微机械结构释放过程中，当用 HF 酸水溶液腐蚀牺牲层，释放多晶硅基结构，进行干燥时，硅片表面薄层水的表面张力会使两片亲水且间隙在微米量级的硅片黏合起来，这种黏合被称为"释放有关黏合"，直接影响着器件成品率。为了解决这个问题，国内外先后开发出了超临界 CO_2 干燥法、冷凝升华法和牺牲层干法腐蚀法等方法，使硅片表面不生成水薄层从而消除由于表面张力引起的黏合。近年来，出现了在表面涂覆自组装单分子层薄膜、碳氟（CF）薄膜或类金刚石碳（DLS）薄膜等疏水性薄膜的解决"释放有关黏合"的方案。值得指出的是，这种涂覆薄膜防止黏合的技术，不仅能够解决"释放有关黏合"，而且也能够解决发生在封装后器件中由于输入信号过冲发生的"使用中黏合"。

- **工艺集成**

表面硅 MEMS 工艺是典型的薄膜工艺，其技术特点与集成电路相近，通过与集成电路集成制作的可行性最大。正因为有如此鲜明的特点，表面牺牲层工艺从其诞生起发展方向就是集成化。典型的工艺包括美国 ADI 公司的 BiMEMS 集成工艺和美国 Sandia 国家实验室的 MM/CMOSMEMS 集成工艺。

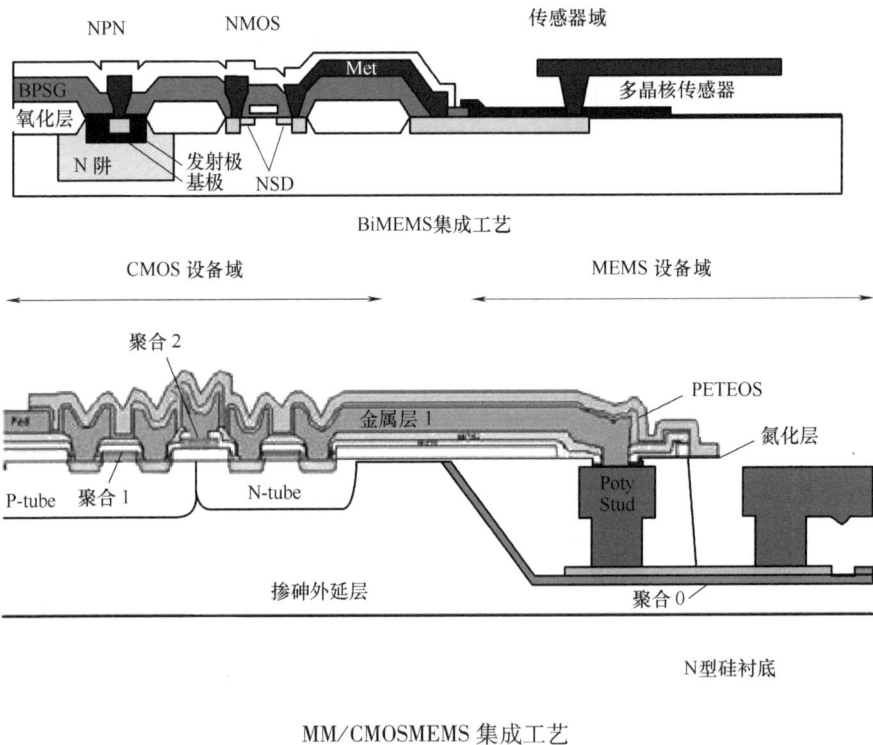

BiMEMS集成工艺

MM/CMOSMEMS 集成工艺

BiMEMS 工艺的特点是制作可动部件的表面 MEMS 工艺与制作处理电路的 BiMOS 工艺混合完成。这一工艺的缺点是两种工艺要在同一加工线完成，需要专门的加工线，不能充分利用现有的 ICFoundry 线，因此成本较高，成品率受到影响。为克服这一问题，美国 Sandia 国家实验室的 MM/CMOS 集成 MEMS 技术首先在凹槽内制作可动部件，填充 SiO_2 后平坦化，然后再用标准的 CMOS 工艺制作处理电路，这大大改进了 BiMEMS 工艺的不足。然而，先制作可动部件将影响衬底片质量，大部分专业 ICFoundry 由于惧怕沾污设备而拒绝接受。因而第三种工艺方案应运而生，即美国密歇根大学研发的 Post-CMOSMEMS 工艺。其特点是先按标准 ICFoundry 制作处理电路，再制作可动部件，其成本和成品率都能得到保证。

硅基加工技术是 MEMS 器件的一个主流加工技术，包括体硅与表面加工工艺，体硅工艺比较适合制作高深宽比、高灵敏度 MEMS 芯片，但与 IC 工艺兼容性稍差，而表面工艺加工的 MEMS 结构深宽比较小，易与 IC 兼容，现在国内外已有多个 MEMS 标准工艺加工服务的工艺线。国外表面工艺与体硅工艺并行，其中表面工艺已发展成标准化的工艺流程，有多条工艺线面向多用户提供加工服务。国外也有多条面向多用户提供标准体硅加工的工艺线，如美国的 IMT、法国的 Tronics 等。国内主要采用了体硅 MEMS 加工技术，国内这些工艺基本形成了标准化工艺，如中国电子科技集团公司第十三研究所、北京大学、上海微系统与信息技术研究所等都对外提供标准化 MEMS 加工服务。另外，基于以上工艺的多层晶片键合工艺、多层晶片键合是圆片级封装（WLP）以及三维（3D）垂直集成封装的基础，结合穿硅通孔（TSV）技术实现与 IC 的集成，也是一个重要发展趋势。

2. 非硅基 MEMS 加工技术

非硅基 MEMS 加工技术主要包括：LIGA 加工技术、激光微机械加工技术、深等离子体刻蚀技术和紫外线厚胶刻蚀技术等。

- **LIGA 加工技术**

LIGA 最早是由德国研制出来的，可以进行三维微结构的制作，具有较高的深宽比，能以微米级的精度进行数百微米至 1mm 的深度加工，非常适合于制作复杂的微机械结构，而且可加工多种材料，如金属、陶瓷、玻璃、塑料等，突破了半导体工艺对材料和深度的限制。

准 LIGA 技术是改进的 LIGA 技术，采用传统的深紫外线曝光、厚光刻胶作掩膜和电铸技术，加工厚度为数微米至数十微米，且与 IC 工艺兼容性较好。在集成电路部分制作之后，准 LIGA 技术还能够用来制作后续的微机械系统，是一种很有发展前途的 MEMS 制作技术，因而越来越引起了人们的兴趣。

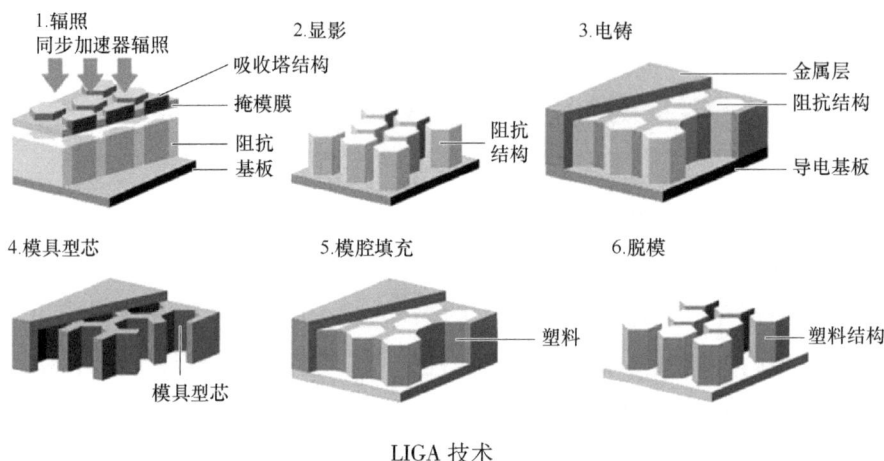

LIGA 技术

LIGA 加工技术包括三个基本步骤，即借助于同步辐射 X 光实现深层光刻，将样品浸入电解液中在凹槽处电镀金属、去除光刻胶和隔离层，制造微塑注模进行微复制注塑成形的微电铸技术。其具体过程如图所示。这种技术能实现高深宽比的三维结构，其关键是深层光刻技术。为实现高深宽比，纵向尺寸达到数百微米的深度刻蚀，并且侧壁光滑、垂直，一方面需要高强度，平行性很好的光源，这样的光源只有用同步辐射 X 光才能满足；另一方面要求用于 LIGA 技术的抗蚀剂必须有很好的分辨力、机械强度、低应力，同时还要求基片黏附性好。LIGA 技术最大优势在于：

➤ 深宽比大，准确度高。所加工的图形准确度小于 $0.5\mu m$，表面粗糙度仅为 10nm，侧壁垂直度大于 $89.9°$，纵向高度可达 $500\mu m$ 以上。

➤ 用材广泛。从塑料（PMMA、聚甲醛、聚酰胺、聚碳酸酯等）到金属（Au、Ag、Ni、Cu）到陶瓷（ZnO_2）等都可以用 LIGA 技术实现三维结构。

➤ 由于采用微复制技术，可降低成本，进行批量生产。

- **激光微机械加工技术**

LIGA 技术虽然具有突出的优点，但是它的工艺步骤比较复杂，成本较高。为了获得 X 光源，需要复杂而又昂贵的同步加速器。相对于 LIGA 加工技术而言，激光微机械加工技术具有工艺简单、成本低等优点，它代表未来 MEMS 加工技术发展的方向。

激光微机械加工技术依靠改变激光束的强度和扫描幅度对涂在基片上的光刻胶进行曝光，然后进行显影，最后采用反应离子刻蚀技术，按激光束光刻胶模型加工成微机械结构。显然，激光光刻技术比 X 射线光刻的工艺简单得多。将其与各向异性腐蚀工艺结合就可用于加工三维结构。

- **深等离子体刻蚀技术**

深等离子刻蚀一般是选用硅作为刻蚀微结构的加工对象，是高深宽比硅刻蚀（HARSE），它有别于 VLSI 中的硅刻蚀，因此又称为先进硅刻蚀（ASE）工艺。该技术采用感应耦合等离子体（ICP）源系统，与传统的反应离子刻蚀（RIE）、电子回旋共振（ECR）等刻蚀技术相比，其具有有更大的各向异性刻蚀选择比和更高的刻蚀速率，且系统结构简单，使高密度硅离子刻蚀技术真正发展成了一项实用的刻蚀技术。这一技术的最大优点是只采用氟基气体作为刻蚀气体和侧壁钝化用聚合物生成气体，从根本上解决了系统腐蚀和工艺尾气的污染问题。这一技术的关键是采用了刻蚀与聚合物淀积分别进行而且快速切换的工艺过程。同时还采用了射频电源相控技术，使离子源电源和偏压电源的相位同步，以确保离子密度达到最高时偏压也达到最高，使高密度等离子刻蚀的优势得到充分发挥。ICP 刻蚀技术可以达到很高的深宽比（大于 25:1），选择性好，可以完成接近 90° 的垂直侧壁。

- **紫外线厚胶刻蚀技术**

由于 MEMS 结构的特殊性，在传统的 IC 工艺基础上研究与之相适应的新工艺是 MEMS 持续发展的基础。紫外线厚胶光刻工艺作为高深宽比微机械制造的关键工艺，成为微机械工艺研究中的热点。使用紫外光源对光刻胶曝光，其工艺分为两个主要部分，即厚胶的深层紫外光刻和图形中结构材料的电镀。其主要困难在于稳定、陡壁、高精度厚胶模的形成。对于紫外厚胶光刻适用光刻胶的研究，做得较多的是 SV-8 系列负性胶。这种胶在曝光时，其含有的少量光催化剂发生化学反应，产生一种强酸，使 SV-8 胶发生热交联。SV-8 胶具有高的热稳定性、化学稳定性和良好的力学性能，在紫外光范围内光吸收度低，使得整个光刻胶层可获得均匀一致的曝光量。因此，将 SV-8 胶用于紫外光刻中，可以形成图形结构复杂、深宽比大、侧壁陡峭的微结构。清华大学微电子所的李雯等人，利用 SV8-50 负胶工艺，通过 KarISuss 公司的 MA-6 双面对准光刻机曝光，获得了胶膜厚度为 110μm，深宽比值为 10，侧壁陡峭直度达 85° 以上的高深宽比、高陡直度的光刻图形。

对于 MEMS 器件厚胶图形的曝光，设备应满足大焦深、大面积、严格的 CD 均匀性以及适应各种特殊形状衬底的曝光要求。对于分步重复曝光设备，还必须保证满足大面积图形曝光的精密子场图形拼接技术要求。目前要这一领域应用较成功的光学光刻设备有奥地利 EVG 公司的 EV600 系列双面对准键合机，德国 KarISuss 公司的 MA-6 双面光刻机以及荷兰 ASML 公司的 Micralign700 系列和 SA5200 系列扫描投影和分步投影光刻机。

1.2.3.3　MEMS 制造中的动力学问题

1. 微尺度效应

微电子机械系统是由特征尺寸在亚微米至毫米范围内的电子和机械元件组成的微器件或微系统，它将传感、处理与执行融为一体，提供一种或多种特定功能。由于 MEMS 尺寸微小，所以其流动特性和材料与结构的力学行为和物理性质与宏观法有明显不同。

到目前为止，对微成形中尺度效应的定义还不十分明确完整。概括地讲，所谓的尺度效应就是指在微成形过程中，由于制品整体或局部尺寸的微小化引起的成形机理及材料变形规律表现出不同于传统成形过程的现象。究其原因，目前的理解是，与宏观成形相比，微成形制品的几何尺寸和相关的工艺参数可以按比例缩小，但仍然有一些参数是保持不变的，比如材料微观晶粒度及表面粗糙度等，从而引起材料的成形性能、变形规律以及摩擦等特殊变化。

材料的微结构特性是导致性能尺度效应的内禀原因，与材料中原子或分子键合状态有关，其敏感性从离子键到金属键到不同键合程度的高分子键再到软物质不断减小。材料的此类微结构与晶体的最小结构单元（例如晶粒尺度、薄膜厚度等）、晶体缺陷（含缺陷复合体）、各种界面（晶界、相界）与表面有密切关联，同时也受到材料服役外界条件的影响。尺度效应可引起相互作用力的不同，从而导致材料内禀性能及其规律和原理的区别。例如，薄膜材料发生形态演化的时间尺度在同等条件下远低于相应的体材料；随着线宽的降低，Cu 膜蠕变行为发生的温度可由相应块体材料的高温区间逐渐降至室温；电子或声子的特征散射长度是纳米量级，当纳米微粒的尺度小于平均自由途径时，电流或热的传递方式就会发生质的改变；铁电与介电薄膜的介电响应、相变及疲劳机制对尺度效应极其敏感；纳米金属的重要力学性质（如强度、延性等）具有典型的尺度效应；铁磁材料的磁学性能及非线性光学材料的非线性参量会随着材料尺度的变化而发生显著改变。

在微尺度效应中，除表面效应和界面效应以外，小尺度效应和量子尺度效应都是和电子、声子、光子等微观粒子的输运特性相关的。在输运过程中，微观粒子通过弹性散射和非弹性散射改变运动状态，与系统交换能量。

当 MEMS 受不同环境（如湿、热、电、磁、力等）和不同加工过程的影响时，力学参数也会有明显变化。MEMS 表现出的尺度效应、表面效应、隧道效应都会远远超出宏观力学和物理规律范畴。

迄今为止，宏观力学中的物理规律不能完全解释和指导 MEMS 设计、制造工艺、封装和应用中提出的问题，尤其是对其中很多重要问题还缺少有效的实验研究方法，有待于 MEMS 研究人员与力学研究人员共同进行深入的研究。传统机械做功往往是与体积力联系在一起的。然而在 MEMS 领域，表面力起主导作用。用特征尺寸 L 来表征物体的大小，该物体正好可以被包容在边长为 L 的正方体中。当特征尺寸 $L > 1\text{mm}$ 时，体积力起主导作用，这时要求的驱动力 $F \propto L^3$。当特征尺寸 $L \leqslant 1\text{mm}$ 时，表面力起主导作用，这时要求的驱动力 $F \propto L^2$。通常执行器所产生的驱动力都与 L 相关，当执行器的尺寸发生变化时驱动力也发生相应的变化。

下表给出了各种微执行器的驱动力、响应时间和功率密度与尺寸的关系。从表中可以看出，通常微执行器的驱动力正比于 L^2，而体积力正比于

L^3，因此随着尺寸的减小，执行器将显得更加有力。这也解释了为什么蚂蚁能够举起比自己体积还大的重物。

各种微执行器的尺度效应

执行器类型	工作原理	驱 动 力	响 应 时 间	功 率 密 度
形状记忆合金	热响应	L^2	L^2	L^{-2}
静电	$E = C(\text{Normal})$	L^2	L^1	L^{-1}
	$V = C(\text{MEMS})$	C	L^2	L^{-4}
磁阻	$J \propto L^{-1}$	L^2	L^1	L^{-1}
永磁	$J \propto L^{-1}$，$B = C$	L^2	L^1	L^{-1}
洛伦兹力	$J \propto L^{-1}$	L^2	L^1	L^{-1}
压电	谐振	L^1	L^1	L^{-3}

2. 多能域耦合效应

微机电系统融合了力、电、流体、光、磁、热等多个物理域，这些物理域之间的复杂耦合效应对 MEMS 的建模与仿真提出了巨大挑战，见下表。

典型多能域耦合效应及场景

多能域耦合	场 景
流体、固体等耦合	微泵微阀微型水压动力驱动器
电、热、机械等耦合	热致动器热传感器
机、电、磁等耦合	梳状谐振器静电、电磁微电机等
电场力、空气阻力、机械变形等耦合	微压电传感器原子力显微镜微梁探针

1.2.4 MEMS 封装

MEMS 器件的封装形式是把基于 MEMS 的系统方案推向市场的关键因素。MEMS 产品实现商品化的前提必须解决封装问题，因为 MEMS 产品容易受周围环境的影响，其电路能否正常工作很大程度上取决于由封装所提供的内部环境与保护。目前有关 MEMS 封装的研究还处于初级阶段，MEMS 器件的多样性和非密封性往往需要为每种器件单独开发相应的封装技术，需要在不影响 MEMS 器件性能的前提下，为设计者提供一系列标准化的封装技术。

MEMS 封装技术作为 MEMS 技术中的一大难点，多年来一直制约着

MEMS 技术的发展。据国外多项统计表明，MEMS 封装的成本占 MEMS 产品的 70% ~90%。之所以出现这种情况，主要是由于 MEMS 器件的复杂性所造成的，而且由于生产因素，使得封装之后的测试成本比器件级的测试成本更高。MEMS 器件设计团队在开始每项设计前以及在整个设计流程中，都必须对封装策略如何折中进行考虑给予极大的关注。许多 MEMS 产品供应商都会把产品封装作为进行市场竞争的主要产品差异和竞争优势。设计 MEMS 器件的封装往往比设计普通集成电路的封装更加复杂，这是因为工程师常常要遵循一些额外的设计约束，以及满足工作在严酷环境条件下的需求。器件应该能够在严苛环境下与被测量的介质非常明显地区别开来。这些介质可能是像干燥空气一样温和，或者像血液、散热器辐射等一样严苛。

封装需要满足的要求如下：

1）真空封装。MEMS 系统常包括可动部分，如微型阀、微型泵、微齿轮、微电机等，为了保证这些可动部件运动自如，需要采用真空封装，减小摩擦，降低能源消耗，使可动部件能长期可靠地工作。

2）有效保护。MEMS 中的敏感元件和一些核心元件需要与工作介质接触，这导致设计和封装的技术问题。例如，微传感器探测气体时要暴露在高温腐蚀性的环境中，对芯片恰当的保护是非常重要的；用于人体内的微生物传感器封装材料除了不能受人体环境的影响，还不能对人体的生物细胞环境有伤害。

3）合适的 I/O 接口。MEMS 器件多含有生物传感器、光学传感器、微流体器件等，这些传感器要求与外界有不同的 I/O 接口，而光学接口必须适合光束的接收和反射，微流体器件中的流体要得到很好的密封并与外界有微通道。

4）低应力。MEMS 器件中用微机械加工工艺制造的微纳米级尺寸的部件，如悬臂梁、深槽、微镜、扇片等，多结构脆弱易断裂，因此封装时对器件带来的应力应尽可能地小。

MEMS 器件的封装必须能够和环境进行相互影响，也必须满足其他一些机械和散热裕量要求。作为 MEMS 器件的输出，可能是机械电机或压力的变化，因此，封装的机械寄生现象就有可能与器件的功能相互影响和干扰。当封装中不同材料混合使用时，它们的膨胀和收缩系数不同，这些变化引起的应力也会附加在传感器的压力值中。在光学 MEMS 器件中，由于冲击、振动或热膨胀等原因而产生的封装应力会使光器件和光纤之间的对准发生偏移。在高精度加速度计和陀螺仪中，封装需要和 MEMS 芯片隔离以优化性能。

当前，MEMS 封装主要核心技术包括：

（1）晶片键合技术

- **硅-玻璃阳极键合**

硅-玻璃阳极键合是最简单、有效且常用的一种键合方式，它利用外加电场使硅-玻璃界面发生化学反应形成牢固的化学键。通常将硅晶片放置在薄玻璃基底的顶部，在温度为 400℃ 左右、外加直流高压（一般为 1000V）、和外加电场的影响下，玻璃中的钠离子迁移到硅-玻璃边界处产生静电场，静电场产生的吸引力在分界面生成非常坚固的连接。为了获得可靠的黏结，两个黏结表面要求有十分匹配的平整度和热膨胀系数。

- **硅-硅键合**

硅-硅键合又叫硅熔融键合（SFB），可以在没有辅助玻璃层的情况下键合两个硅晶片。当两个非常平坦并且清洁的晶片表面紧密接触时，范德华力或化学键在室温下就能使两者之间相互吸引达到自然键合。一般强的键合需在 1100～1200℃ 的温度下施加 20V 电压才能生成。因为是化学键合过程，表面处理起着关键的作用，清洁的室内环境非常重要，直径 $1\mu m$ 的颗粒物就有可能产生 $1cm^2$ 的不黏结区域，只有表面粗糙度在纳米级的磨光晶片才能形成可靠的晶片黏结。

硅-玻璃阳极键合和硅-硅键合都是有效的键合方式，但键合过程中的高电压也可能使 MEMS 器件中其他要求可动的硅结构粘贴到玻璃上，导致器件失效；同时高温、高电势会使硅材料改变其半导体特性（硅在温度为 125℃ 以上显示出逐渐增强的导电性），影响器件性能。许多新的键合工艺，如绝缘硅（sot）工艺、低温表面键合与剥离工艺，金-硅键合工艺等，都对应解决了旧键合工艺的许多缺陷。

（2）晶片级密封技术

微机械 MEMS 是由灵活的元件和完全自由的结构构成的微纳米尺寸的

三维结构。这种结构以大批量的形式制作在晶片上。不同于微电子器件有钝化层的保护，为了能从晶片上完整地分割独立的功能结构且不受损伤，MEMS 晶片的表面需覆盖有防护罩，以保护其微结构顺利地从圆片上切割下来。微帽密封和反向密封技术能有效地保护微装置中的微结构和精细元件。

微帽密封先由表面微加工技术得到带有空腔的硅密封帽。然后在被保护的芯片上沉积一层牺牲层，制作好的硅密封帽再沉积于牺牲层上。通过腐蚀过程去除牺牲层，在芯片和密封帽之间产生一定间隙，形成气密性密封，这种工艺生成的间隙最小可达 100nm。

反向密封技术是在芯片和基座上放置一个硅密封帽，两者之间留有一定间隙，在热氧化过程下，硅帽底部和基座之间生长出 SiO_2，使硅帽和基座紧密连接，从而对芯片起到了有效且可靠的密封。这种密封形式也可直接将硅密封帽放在基座上，通过晶片键合技术使硅帽和基座黏结，在微芯片上形成空腔保护体。

硅密封帽可对微机构形成很好的保护，但密封帽增加了微结构体的厚度，而且由于硅材料轻薄、易碎，很容易在后续封装中承受不了如浇塑包封等工序产生的压力，引起硅帽的塌陷。因此有些晶片会在普通密封后在硅帽上涂覆一层保护层保护硅帽。

（3）倒装芯片技术

倒装芯片技术（FCP）主要应用于 MEMS 的系统级封装，这种技术常常与球栅阵列（BGA）结合使用。具体方法是：将芯片面朝下，底面的球状焊接凸点通过焊剂回流焊接到基板上的焊区，焊接借助于红外显微镜可实现精确的横向定位，调节球状焊接凸点的大小和形状就能准确控制芯片与基板间的距离，并能得到良好的平整度。基板上还可再焊接其他更多的芯片，最后在焊点与基板之间添加填充物，固化后施加球焊阵列 BGA 的焊球。最终得到的组件就能安装在 PCB 上，完成多芯片的系统级封装。

与传统 MEMS 封装方法相比，其优势在于，芯片与基板直接连接，硅片就能够直接倒扣在 PCB 上，再从硅片的周围引出 I/O。周围直接引出 I/O，不需要再从一个接口上面连接，大大缩短了互连线的长度，进而减小了延迟，提高了运行速度，达到了提高电能性的目的。很明显，对于这种连接方式，能够最大限度地利用空间，并且不会因为连线过多而导致体积过大。相反，倒装的效果和原芯片的大小几乎相同，大大提高了运行效率。在所有表面安装技术中，倒装芯片可以达到最小、最薄的封装，使整个封装之后的器件体积缩小不少。因为凸点能够充满整个管芯，I/O 的互连密度也大大增加，加快了输入输出的效率，又因连线缩短，缩短了信号传输时间，进而大大改善了电性能。相比传统的 WB 和 TAB 连接方式，倒装芯片的互连距离最短，产生的杂散电容、互连电阻和互连电感都比较小，同时阵列形式的焊接凸点，极大提高了互连密度，降低了封装成本。在微麦克风中就应用了此技术，为了使信号串扰和引线电感有所减少，需要缩短放大器和麦克风之间的引线。为了达到该目的，微麦克风 MEMS 芯片和放大电路被封装在一起，这样的器件封装需要采用倒装焊技术，减小封装体积还能支持一些其他用途。经过 MEMS 器件封装之后的微麦克风具有低功耗、高灵敏度的特点，很大程度上提高了麦克风的效果。与传统的驻极体麦克风相比，这种采用 MEMS 器件的麦克风价格上便宜了很多。其制造、封装和测试流程如下图所示。

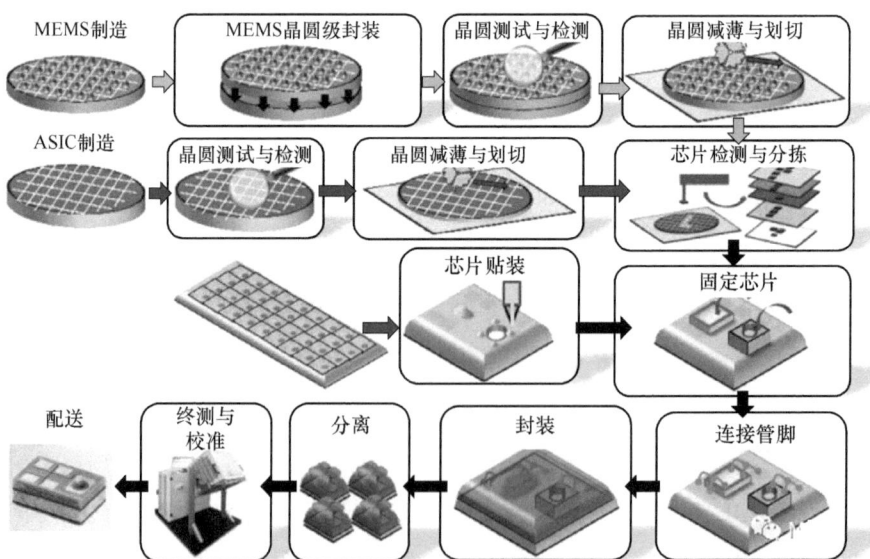

MEMS 麦克风制造、封装和测试流程

此外，MEMS 封装技术还包括：

- **多芯片组件技术**

多芯片组件（MCM）属于系统级封装，是电子封装技术层面的大突破。MCM 是指一个封装体中包含通过基板互连起来、共同构成整个系统封装形式的两个或两个以上的芯片，并为组件中的所有芯片提供信号互连、I/O 管理、热控制、机械支撑和环境保护等条件。

MCM 提供了一种特有的、可以在同衬底上同时支持多种芯片的、能力诱人的集成和封装 MEMS 器件的途径，无须改变 MEMS 和电路的制造技术，其性能还可以无妥协地做出优化。以 MCM 技术为基础的 MEMS 封装代替传统的单芯片封装结构完全没问题，还可显著提高器件的性能和可靠性。例如山西科泰公司生产的将控制电路和 MEMS 芯片装在一个基板上的加速度传感器，利用这种封装技术，提高了封装的可靠性及其封装密度，同时提高了生产效率和批量生产的速率。从各种技术优势来看，完成 MEMS 芯片和基板的互连是可行的。

- **多芯片封装**

多芯片封装是 MEMS 封装的另一发展趋势。压缩整个器件的体积、适应小型化、缩短信号到执行器之间的距离、减小信号和外界干扰所带来的各种影响，将其 MEMS 芯片与信号处理芯片安放于同一管壳内，并在陶瓷基板的基础上，用引线键合技术将传感器安装在一起，再将基板封装，最后就顺利完成了 MEMS 的封装。

目前，集成电路的封装技术已经十分成熟，而 MEMS 的封装却大大滞后于器件的研究。MEMS 封装技术的发展，可借鉴 IC 封装经验，降低生产成本；在芯片结构设计初期，也可利用建模的思想来进行模拟封装，寻找适合的材料和工艺。

1.2.5　MEMS 测试

MEMS 的迅猛发展对其测试系统提出了很高的要求，MEMS 从设计到封装全过程的各个环节都要贯彻测试的要求，在概念—设计—生产—封装—终测—上市的过程中，存在着大量的测试项目。MEMS 器件除了电子系统外，还包含了非电子系统。对 MEMS 除了进行相关的电子学测试外，还应包括微机械结构和形貌测试、微机械力学与动态特性测试、微机械系统中热学特性测试、微机械光学特性测试等。因此，MEMS 的测试要比集成电路的测试更为复杂。MEMS 测试系统对精密光学制造，高精度的光电传感器，精密机械的加工，精细控制，微弱信号的变换与检测等提出了很高的要求。测试技术除了控制整个系统的经济性外，还决定整个系统的坚固性、可靠性和维护性等相关的因素。在 MEMS 设计、制造等过程中，需要检测的参数包括微机械量、微几何量、微材料特性及电学参数，其中电学参数检测方法相对比较成熟。

1. 微机械量测量

对 MEMS 的机械运动参数（如位移、速度、振幅、频率等）进行精确测量，已经成为影响 MEMS 发展的重要因素。目前采用的微机械量测量方法主要有电测法和光测法。电测法具有简单实用、稳定性好、信号分析处理容易等特点，其又分为压阻测试法、电容测试法、电感测试法、压电测试法等。微机械的特征尺度一般为毫米至亚微米，远小于宏观机械，微机械的动态特性很容易被测量过程干扰，光测法由于是非接触测量，同时又具有分辨率好、精度高的特点，目前已成为微机械量检测领域的研究热点。一系列应用光测法的 MEMS 动态参数检测仪器，如激光多普勒测振仪（LDV）、频闪显微干涉系统（SMIS）、计算机微视觉系统（CMVS）、光纤迈克尔逊干涉仪等已投入实际应用。

● 计算机微视觉与频闪光照明技术在微机械量检测中的应用

CCD 成像系统结合光学显微系统、计算机图像处理系统可以比较容易地对微位移、微电机转速等运动参数进行检测，而且可以达到较高精度。但是由于视觉成像系统采样频率的限制，单纯地计算机微视觉技术不能实现高速、高频运动参数的检测。将频闪光照明技术与计算机微视觉技术相结合可对 MEMS 微结构的周期及可周期重复运动进行有效检测。美国麻省理工学院（MIT）研制的计算机微视觉系统（CMVS）采用了频闪光照明，可测量的最高周期运动频率达到了 100kHz。CMVS 是集光学显微镜、视觉成像和机器视觉技术于一体的实时、可视化检测的运动参数检测平台。

- **干涉技术在微机械量检测中的应用**

1）频闪显微干涉系统。

对离面运动高精度测量用 SEM、AFM 以及光学显微镜都难以实现，激光多普勒测振仪可以达到很高精度，但是它主要是点测量，如要进行面测量需要对被测结构进行激光扫描。

2）MEMS 运动参数的注入干涉测量法。

激光从被测 MEMS（Gyroscope）运动结构反射回激光源发生干涉，激光光源后设置的光电二极管可探测干涉条纹的变化并将其转换为电信号。这种方法可以用来测量振幅、共振频率、Q 因子等物理量。其特点是不需要进行临界调整，对反射面没有平滑要求，不需要对激光束进行十分精确的定位，测量频率可达数百千赫兹。

3）Fabry-Perot 结构用于振动测量。

Fabry-Perot 结构为一层厚度为 h 的空气隙夹在衬底和可运动的光学厚度为 $\lambda/4$ 的悬浮膜之间。结构的反射率与厚度 h 有关，研究光调制器的反射率与外加电压的关系，就能了解微机械薄膜的受迫振动规律，从而得到各种动态参数。

- **光纤技术在微机械量检测中的应用**

光纤具有传输距离长、损耗低、重量轻、成本低、传输信息量大、防水、防火、耐腐蚀、抗电磁干扰等优点。利用光纤传输中光强的变化可测位移、应力、应变等。

1）光纤用于微位移、振动测量。

采用反射式光纤位移传感器，出射光纤和入射光纤并在一起，将被测面置于光纤端面附近，当被测面有垂直于光纤的位移变化时，出射光纤中的光强将发生变化，通过对其进行检测可实现对被测面运动特性的测量。用光纤耦合法测量微悬臂梁的横向振动参数，以不同频率激励悬臂梁，作为发射面的梁振幅会发生变化，出射光纤中的光强也会随之发生变化，这样即可通过检测光强的变化实现对梁的固有频率的检测。

2）光纤迈克尔逊干涉仪。

微机械部件尺寸小，运动幅度小，有的仅为微米量级甚至亚微米级，测量时需要非接触无损检测，传统测量手段难以满足这些要求。光纤干涉传感技术具有灵敏度高、体积小、对特殊环境适应性强的特点。

此外，用于 MEMS 动态参数检测的常用仪器还有激光多普勒测振仪（LDV）。其主要依据的原理是多普勒效应，可用来对离面运动进行测量。激光通过显微镜在被测结构上聚焦成一个直径小于 $1\mu m$ 的光斑，当被测结构做离面运动时，系统可以测得多普勒频移。SMIS 和 CMVS 对运动结构进行检测时要求运动过程是周期性的或可周期性重复的，同时还要不断调整激光二极管的照明频率（频闪频率）使其与运动同步，不能检测随机的或非可重复的运动。LDV 和显微镜结合在一起可用来对 MEMS 的这种运动进行检测，实时地对某点速度进行测量。

2. 微几何量检测方法

微几何量测量主要是针对 MEMS 微小构件的三维尺寸、三维形貌的精密测量。如何界定 MEMS 尺寸范围目前没有统一的认识，一般认为范围在亚微米到 10mm 之间。微几何量测量具有以下特点：测量力引起的误差较大；定位误差较大；温度引起的误差小；被测件轮廓影像易受异物的影响；衍射效应的影响大。目前，光切法、干涉法、共焦显微干涉法等非接触测量方法已经成为对微小构件几何量精密测量的主要方法。其中，将计算机视觉技术与光学显微技术相结合的微视觉测量方法越来越受到重视。微几何量检测测量范围小，测量精度要求高。二维微几何量检测可以采用普通光学显微镜和扫描电子显微镜（SEM）。由于具有较高的分辨率，SEM 目前已成为 MEMS 设计、制造中最常用的观测仪器之一。由于加工工艺和 MEMS 可靠性设计等方面的要求，获得 MEMS 微结构精确的三维结构信息是 MEMS 几何量测试的重点。三维微几何量测试的方法可以概括为两类：一类是从传统的几何量检测技术发展和改进而来，如光切法、白光干涉法、光栅投影法、普通触针和光针式三维轮廓仪等，其中包括应用扫描探针显微镜的纳米观测方法以及微视觉测量方法；另一类则是根据被测件的材料和结构特点专门设计的，如基于计算机视觉的硅片厚度测量仪器 OMMS、MEMS 器件实时蚀刻深度检测等。

3. 微材料特性检测

MEMS 器件的组成材料特性是影响 MEMS 可靠性、稳定性的重要因素，由于加工工艺、结构尺寸不同，即使是同样的材料也会表现出不同的材料特性，因此对 MEMS 器件组成材料特性进行检测具有重要意义。目前在 MEMS 设计、制造中比较常见的材料特性测量包括测量材料的断裂模数、弹性模量、应力应变、微摩擦特性等。

- **用静态梁弯曲实验测量材料的力学特性**

微型梁结构的断裂模数和杨氏模量可以通过直接测量作用在悬臂梁上的力和梁的弯曲形变来计算。

- **用固有频率法测量微型梁的杨氏模量**

通过对微型梁固有频率的检测，可计算微型梁的杨氏模量和内应力。目前这种方法的测量误差主要来源于对微型梁厚度的测量。

- **应变/位移干涉测量法**

应变/位移干涉测量仪（Interferometric Strain/ Displacement Gage，ISDG），从被测件上预置的两条反射计量线（Gold Lines）的不同侧面反射的光线形成两幅干涉条纹，当被测件受拉力或压力产生应变时，两条反射计量线将发生相对位移，对所产生干涉条纹的变化进行分析，可计算出应变的大小。使用的干涉条纹探测器是两组光电二极管阵列，实测时可将阵列中心调整至干涉图中心位置。

- **微摩擦测量方法**

1）微摩擦测量装置。将摩擦测试件分别装在微电机外伸轴端和施力装置上，加力使两试件相互作用。由于摩擦力作用，微电机的输出功率将发生变化，通过测量微电机输出功率变化和两个试件间相互作用的正压力，来对它们产生的微摩擦进行分析。

2）静摩擦测量。静摩擦力的测量对于 MEMS 的设计具有重要意义。由杠杆臂（Lever Arm）、拉杆（Push Rod）和滑块（Shuttle）等组成的铰链连接结构，要设计拉动滑块带动整个机构运动的微执行器首先必须对机构的静摩擦力进行测量。

4. 晶圆级测试

晶圆级测试（见下图）技术应用于 MEMS 产品开发全周期的 3 个阶段：产品研发（R&D）阶段：用以验证器件工作和生产的可行性，获得早期器件特征；产品试量产阶段：验证器件以较高成品率量产的能力；量产阶段：最大化吞吐量和降低成本。MEMS 产品开发生命周期的三个阶段都有其独特的测试目标和对测试结果的不同要求。

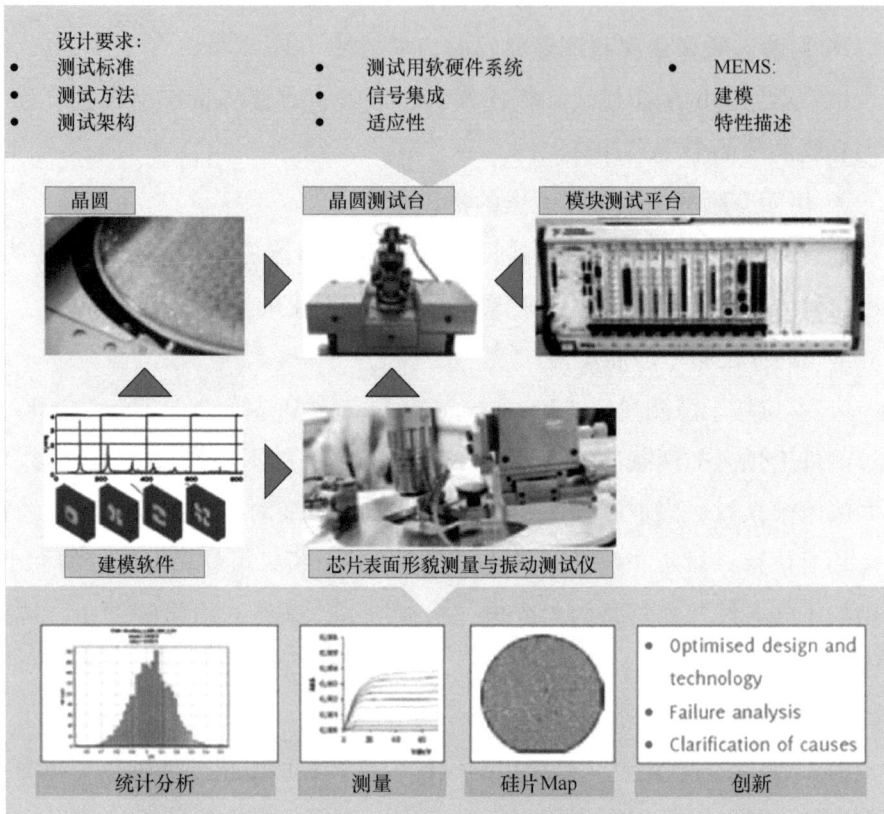

MEMS 测试方法与流程

◆ 产品 R&D 阶段：验证器件可以工作、可以生产。在这一阶段，采用晶圆级测试可以获得早期器件特征，开发时间和成本的降低可达 15%。此外，可靠性问题对于 MEMS 器件的成功产业化来说非常重要。因此，在 R&D 阶段的晶圆级测试很关键。

◆ 产品试量产阶段：验证器件以较高成品率量产的能力，开发出可量产的设备方案以及用于量产的测试方案。通过采用晶圆上测试可以降低开发时间和成本。

◆ 量产阶段：最大化吞吐量和降低成本。由于一般 MEMS 产品的成品率比 IC 产品要低很多，而且成本分析发现 60% ~ 80% 的制造成本来自于封装阶段，所以早期测试可以极大地降低 MEMS 量产产品的成本。实际的成本降低取决于真实的生产环境和 MEMS 器件的类型（见下图）。

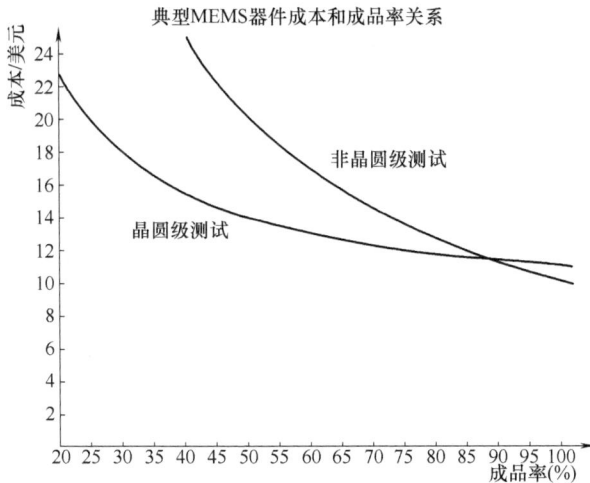

典型MEMS器件成本和成品率关系

非晶圆级测试

晶圆级测试

成本和成品率关系

尽管早期测试有很多好处，但对大部分制造商来说很难找到标准化、独立运行的测试设备。除了电激励和电测试之外，器件可能还需要进行声学、发光、振动、流体、压力、温度、化学或动力激励输入。除探测和测量机械、光学或电信号的激励之外，测试工程师还需要测量其他激励的输出。器件可能需要在受控的环境中测试才能保护器件不受环境的损伤或正确地在封装环境内激励器件（见下图）。与传统的 IC 测试相比，MEMS 测

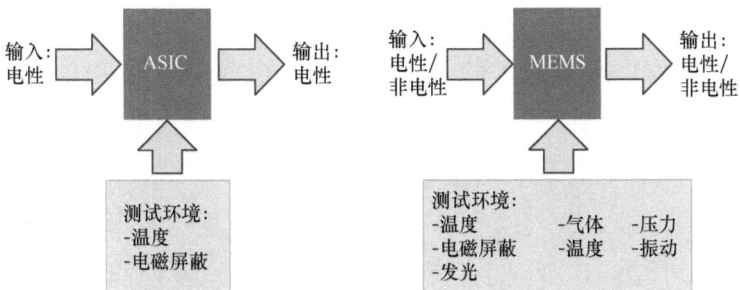

输入：
电性

ASIC

输出：
电性

输入：
电性/
非电性

MEMS

输出：
电性/
非电性

测试环境：
-温度
-电磁屏蔽

测试环境：
-温度　　　-气体　　-压力
-电磁屏蔽　-温度　　-振动
-发光

a) ASIC 测试实例　　　　　　　　b) MEMS 测试实例

MEMS 测试实例

试需要几次不同的模拟、测试环境参数。

在半导体产业，晶圆级测试是通过晶圆探针完成的。晶圆上的器件需要通过探针卡或单独的探针可靠的接触，与测试机进行电连接。这些系统在 MEMS 测试方面功能有限，但通过添加适当的模块进行非电激励和/或探测非电信号输出，晶圆探针可以被扩展成一个开放的、通用的测试平台，根据测试需要可以方便地调整。整个开放平台可以用于测试不同的压力传感器、微麦克风和微镜。

MEMS 器件的晶圆级测试可以在测试所需的真空中或在特殊的气体环境中操作。此外，在开放系统中不能进行可靠性增长研究；这类研究需要精确可控的测试环境。为实现晶圆级测试，需要将晶圆探针放到测试腔中。在测试阶段测试腔可以抽真空或者填充其他气体，并保证气压在高真空和少量正压范围内可调。与此同时，测试腔中晶圆的温度在 − 65 ~ + 300℃范围内可控，或者采用低温版本，温度可低至 77K 或 4.2K。与开放式平台类似，可以向这个封闭平台加装非电激励的模块和/或探测非电输出值。这个通用的封闭平台可以测试 RFMEMS、MEMS 谐振器、微辐射测热计和像加速度计和陀螺仪之类的惯性传感器。

MEMS 产品制造与经典的 IC 最大区别在于其含有机械部分，封装环节占整个器件成本的大部分，如果在最终封装之后检测出器件失效不但浪费成本，还浪费了研究和开发（R&D）时间、工艺过程和代工时间，因此，MEMS 产品的晶圆级测试在早期产品功能测试、可靠性分析及失效分析中，可以降低产品成本和加速上市时间，对于其产业化非常关键。

目前，MEMS 测试技术的研究在国际上引起了高度重视，针对不同的 MEMS 器件和应用目的，已经研制开发出了一些有实用价值的测试仪器，如美国 Sandian 国家实验室研究的 MEMS 器件可靠性测试系统，麻省理工学院的 Freeman 教授领导研究的基于计算机视觉的 MEMS 测试系统，美国 UCB 大学 BSAC 研究中心研制的 MEMS 动态特性测试仪等。另外，国外一些公司也正在研制开发集成化的 MEMS 综合测试系统，如 ETEC 公司的 M/Step 系统、InterScience 公司的 MEMSPEC、Veeco 公司的

MEMS3500 以及原子力显微镜（AFM）对于生物作用力的测量等。MEMS
工业的未来任务包括封装后的测试和晶圆级测试的测试标准化、用于简
化 MEMS 器件测试的设计规则定义，以及可涵盖未来 MEMS 器件的设备和
技术平台的扩展。

第 2 章
揭开 MEMS 的神秘面纱

人们最早接触到 MEMS，还是从苹果手机游戏开始的。MEMS 技术的最大方向就是传感器，这是人类探索自然界的触角，是各种自动化装置的神经元。而生物、光学、射频等方向，也是 MEMS 技术的重要分支。

2.1　传感 MEMS 技术

在消费电子领域，苹果公司颇有想象力地使用 MEMS 加速度传感器来支持 iPhone 显示器横向与纵向画面的自动切换，并取得了巨大的成功，从而刺激了智能手机用于探测运动的 MEMS 应用。下图为 ADI 公司生产的 ADXL203 双轴硅微加速计。此外，还有应用于导航和制导领域（如小型无人机的导航控制、短程战术武器制导）的高精度微加速度计。2002 年，ADI 公司成功研制了世界上第一个单片集成的商用陀螺仪产品 ADXRS，如下图所示。

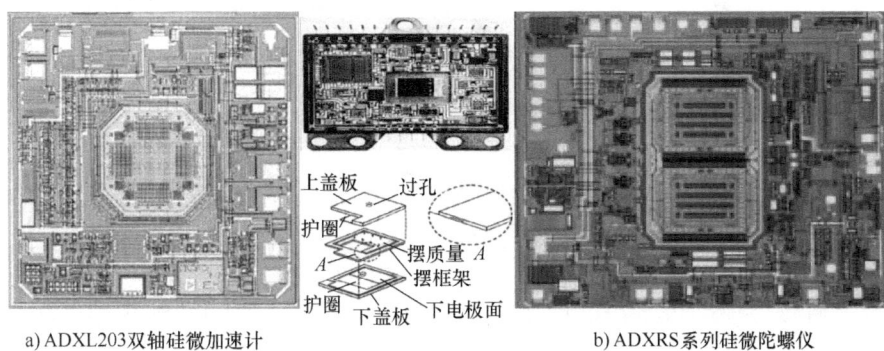

a) ADXL203双轴硅微加速计　　　　　　　　　b) ADXRS系列硅微陀螺仪

采用传感 MEMS 技术的典型传感器

目前，MEMS 传感器的发展方向是阵列化、集成化、智能化。由于传感器是人类探索自然界的触角，是各种自动化装置的神经元，且应用领域广泛，未来将备受世界各国的重视。

从定义上看，传感 MEMS 技术是指用微电子微机械加工出来的、用敏感元件（如电容、压电、压阻、热电耦、谐振、隧道电流等）来感受转换电信号的器件和系统，主要包括气体传感器、加速度传感器、陀螺仪、磁传感器、声敏传感器、速度传感器、压力传感器、湿度传感器等各种传感器。

2.1.1　气体传感器

气体传感器是气体检测系统的核心，通常安装在探测头内。从本质上讲，气体传感器是一种将某种气体的体积分数转化成对应电信号的转换器。其探测头通过气体传感器对气体样品进行处理，通常包括滤除杂质和干扰气体、干燥或制冷处理、样品抽吸，甚至对样品进行化学处理，以便化学传感器进行更快速的测量，其应用如下图所示。

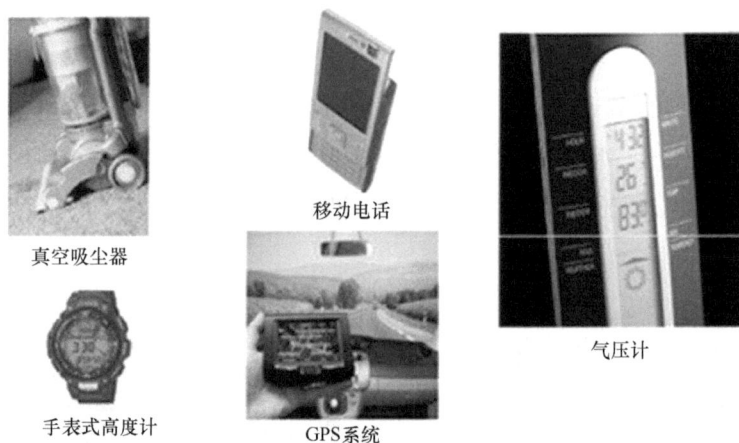

真空吸尘器

移动电话

气压计

手表式高度计

GPS 系统

气压传感器应用示意图

气体传感器其按待检气体分为：用于检测易燃易爆气体的传感器、用于检测有毒气体的传感器、用于检测工业过程气体的传感器、用于检测大气污染的传感器。按检测原理气体传感器可分为电化学式、半导体式、光学式、化学式等。

2.1.1.1　主要分类

- 电化学气体传感器

电化学气体传感器本身就是一个电池，即气体燃料电池。其主要优点是准确度高、无须电源，但电解液不易封装、易泄漏、无法实现机械化制造，目前主要应用在各种工业领域以及道路交通安全检测领域。电化学气体传感器的未来在于，电解液室温固态化并以此为基础实现 MEMS 化，从而克服包括制造在内的大部分问题。此时的电化学传感器将是高度一体化的、易集成的、小巧的电子系统。

- 半导体气体传感器

半导体气体传感器可分为电阻型和非电阻型。电阻型气体传感器具有成本低廉、制造简单、灵敏度高、响应速度快、寿命长、对湿度敏感低和电路简单等优点；不足之处是必须工作于高温条件下，对气体的选择性较差，元件参数分散，稳定性不够理想，功率要求高，当探测气体中混有硫化物时容易中毒。非电阻型气体传感器也是一类较为常见的半导体气敏器件，这类器件使用方便，无须设置工作温度，易于集成化，得到了广泛应用，主要有结型和 MOSFET 型两种。

- **红外气体传感器**

由红外光源、光学腔体、红外探测器和信号调理电路等构成。其优点是除了相同原子组成的气体，所有气体均可检测；其缺点是工艺复杂、制造成本高、价格昂贵，粉尘、背景辐射等对检测结果影响明显。目前，主要应用在暖通空调与室内空气质量监控、工业过程及安全防护监控、农业及畜牧业生产过程监控等领域。

- **集成气体传感器**

气体传感器的另一个发展方向是与其他传感器综合集成。2017 年博世公司将温度、湿度和气压三种传感功能集成于一颗 MEMS 芯片，并采用了一种新型的湿度传感技术，而气体传感功能采用另一颗 MEMS 芯片实现。与竞争对手相比，其可使用更小的气体传感器检测各种气体，包括挥发性有机化合物（VOC）。

2.1.1.2　应用领域及主要厂商

2017 年气体传感器市场规模在 7 亿美元左右，预计在 2022 年将达到 10 亿美元。其中，智能移动终端和可穿戴设备将是未来气体传感器的杀手级应用环境，预计将带来需求量的井喷。具体应用领域见下表。

气体传感器应用领域

细分市场	用　途
消费电子	集成到智能家居、可穿戴设备、智能手机等消费电子中，可用于检测家用燃气的使用状况（CH_4，CO 等），建筑物/汽车的挥发性有机物（VOC），健康吸氧活动中的 O_2 浓度
工业安全	采矿行业可用于检测矿井内部 CH_4，CO_2 等气体浓度，化工行业可用于检测有毒、有害气体

（续）

细 分 市 场	用　　途
暖通市场	集成到空调中，用于室内/车内空气质量检测
医疗市场	治疗护理时用于呼吸分析
环境市场	检测空气质量和污染情况
交通运输	汽车尾气测量或重型车辆发动机控制的气体传感器
国防安全	有毒气体监测

全球气体传感器主要生产厂商包括：

➢ 英国 City 公司

该公司隶属于霍尼韦尔（Honeywell）公司，是全球知名的传统电化学气体传感器公司，占传统电化学气体传感器市场 45% 的份额。该公司以电化学起家，同时涉足红外和催化类气体传感器，其产品既包括 O_2、CO_2、NO、NO_2 等较为常见气体传感器，也包括氰化氢、氯气、联氨等工业用气的传感器。该公司每年生产超过 300 万个传感器，产品类别超过 200 种，产品销往全球 48 个国家和地区。City 公司生产了能够检测多达 28 种不同气体的 300 多款传感器产品，其中包括电化学式、催化燃烧式、半导体式、红外线式等。

➢ 日本 Figro 公司

全球较大的半导体气体传感器公司，占据半导体气体传感器市场 55% 的份额。其产品技术主要有半导体型（MOS）、电化学以及催化燃烧型气体传感器，广泛用于安保、工业、汽车、室内空气检测、冷暖空调设备、家电以及科学测量等领域。除传统技术外，Figaro 公司还推出了结合了 MEMS 技术的金属氧化物类型的室内空气质量传感器，是业界最小面积、最低功耗的室内空气传感器。其主要产品包括溶解氧传感器、CO 传感器、催化燃烧式可燃气体传感器、氧气传感器等。

➢ 瑞士 Membrapor 公司

该公司主要专注于生产气体扩散电极和电化学气体传感器，市场定位于中高端，主要服务工业领域。Membrapor 公司成功开发了基于新理念的独特工艺，应用于接触性气体扩散电极和电化学传感器的若干新产品的研发。该公司拥有 20 多种气体传感器产品，产品分为 M 系列（ϕ20mm）、C 系列（ϕ32mm）、S 系列（ϕ41mm），共上百个产品型号。其产品具有高量程和高精度，其中 S 系列和 C 系列的高量程可以达到 40000ppm，高精度的传感器可以达到 10ppb 级别，因此产品满足很多特殊行业。

　　➢ 英国 Alphasense 公司

　　该公司是全球少数几家独立的专业气体传感器生产厂商之一，主要产品是氧气传感器、有毒气体传感器和易燃气体传感器。该公司的传感器技术涵盖了电化学、催化、光学（NDIR&PID）和半导体四大种类。其基于电化学的氧气传感器和有毒气体传感器应用广泛，在煤矿、钢铁、石油化工、医疗等领域都大量使用。Alphasense 公司的 A 系列（ϕ20mm）和 D 系列（ϕ14.5mm）传感器皆符合便携式气体检测的工业标准，B 系列（ϕ32mm）适合固定位置的有毒气体检测。

　　➢ 德国 UST 公司

　　该公司是欧洲第二大综合性传感器研发及生产的专业公司，德国汽车工业的芯片供应商，主要提供温度、气体、水体及其他环境测量领域的传感器。目前 UST 公司的产品已经被广泛用于汽车制造、医疗技术、工业设备、能源与环境领域。在汽车制造领域其产品主要应用在大众、宝马、欧宝、斯坦尼亚、MAN 及德国产载重汽车中。

　　➢ 奥地利 AMS 公司

　　该公司是全球领先的高性能模拟集成电路（IC）设计及制造商，气体传感器仅为其部分产品。该公司量产针对 VOC 检测的半导体气体传感器，可在 320℃的环境下工作，功耗仅为 34mW。AMS 公司提供世界上先进的晶圆级光学元器件和衍射光学元件，并采用高度微型化的光学封装。AMS 公司在奥地利的工厂主要负责前端晶圆制造，新加坡的工厂负责光学传感器的生产和封装以及 VCSEL 制造，菲律宾的工厂负责测试/传感器校准。

　　➢ 瑞士 Sensirion 公司

　　该公司是湿度、气体、液体流量测量和控制领域高质量传感器及传感器解决方案的提供商，公司总部位于瑞士苏黎世附近，其产品应用于汽车工业、医疗技术、建筑技术、工业制造等领域。Sensirion 公司基于创新的

CMOSens 技术，在一个半导体芯片上结合了传感器和分析电子器件，提高了传感器质量和降低了生成成本。其子公司 Sensirion Automotive Solutions 专门为汽车行业设计、开发和制造环境感应器，重点是汽车 HVAC（加热、通风和空调）应用所适用的环境感应器。同时，Sensirion 公司推出了多像素气体传感器，尺寸仅为 2.45mm×2.45mm×0.75mm，可检测 VOCS、酒精（乙醇）、CO 等。

➤ 郑州汉威公司

该公司主要从事气体传感器研究、生产，主营业务是气体传感器、气体检测仪器仪表、气体检测控制系统的研发、生产、销售及自营产品出口。其产品用于检测、监控可燃性气体、有毒有害气体和特种气体。该公司产品包括：GA 系列气体报警器、KB/GD/GE 系列可燃气体报警器、BX 系列可燃/毒性气体检测仪、JL 系列气体检漏仪、JL300 系列卤素检测仪、AT 系列酒精检测仪、KB 系列气体报警控制器、气体变送器和气体探测器等。其产品应用行业分布广泛，涵盖石油、化工、冶金、电子、燃气、污水处理、生物科学、航天航空、军事反恐等领域。

➤ 郑州炜盛公司

该公司与郑州汉威公司渊源很深，是目前国内少有的能生产半导体类、催化燃烧类、电化学类和红外光学类等四大类气体传感器的企业。该公司产品包括红外气体传感器、电化学气体传感器、平面半导体气体传感器、载体催化元件、半导体气体传感器、流量传感器、热释电传感器、热传导气体传感器、固体电解质气体传感器、热线型气体传感器、压力传感器、MEMS 传感器等系列，200 多个品种，共可用于检测 300 余种气体。检测气体种类覆盖绝大多数可燃气体（CH_4、丙烷、H_2 等）和多数毒性气体（CO、H_2S、苯等），应用于工业、矿业、航空航天、民用、商业等领域。

➤ 杭州麦乐克公司

该公司专业从事中高端红外特征敏感元件研发、生产和销售，是目前国内信噪比和透过率、截止率、敏感度较高的红外特征敏感元器件和传感器制造商，在传感技术领域拥有 70 余项核心专利技术，产品广泛应用于航天航空、智能家居、消费电子、智慧医疗、环保、消防安防、矿业、电力电子、车联网等多个领域。麦乐克公司在全球拥有上千家高端客户，是全球中高端红外特征敏感元件生产厂商中现货品种较全、性价比较高的供应商，被德国传感技术专业协会（AMA）评价为全球最高端的 4 家红外探测敏感元件生产厂商之一。

2.1.2　加速度传感器

加速度传感器通常也被称为加速度计，是测量加速度的传感器，由质量块、阻尼器、弹性元件、敏感元件和适调电路等部分组成，通常与陀螺仪一起应用于惯性导引系统中。从本质上讲，它是一种将自身所受惯性力通过质量块经牛顿第二定律转化为对应加速度值的转换器。MEMS 加速度传感器广泛应用于游戏控制、手柄振动和摇晃、汽车制动起动检测、地震检测、工程测振、地质勘探、振动测试与分析以及安全保卫振动侦察等多个领域。

根据响应类型的不同，加速度传感器可分为测量静态以及动态加速度的直流响应式和测量动态事件的交流响应式。

根据测量轴数目可分为单轴、双轴和 3 轴加速度传感器。

根据传感器敏感元件的不同，加速度传感器还可划分为压电式、压阻式、电容式、电感式、应变式、伺服式等。

2.1.2.1　主要分类

● 压电加速度传感器

又称压电加速度计，属于惯性式传感器，其原理是利用压电陶瓷或石英晶体的压电效应，在加速度计受振时，质量块加在压电元件上的力也随之变化。当被测振动频率远低于加速度计的固有频率时，则力的变化与被测加速度成正比。压电加速度传感器通常难以获得很好的低频响应，在使用过程中，对于通用压电传感器，牺牲低频性能有利于获得更好的开启和休克恢复响应。

● 压阻加速度传感器

利用加速过程产生的惯性力引发悬臂梁上应变片电阻阻值的变化来获取加速度值，其加工采用 MEMS 硅微加工技术，具有输出阻抗低、输出电平高、内在噪声低、对电磁和静电干扰的敏感度低、灵敏度低和工作频带很宽等特点，易于集成在各种模拟和数字电路中，广泛应用于汽车碰撞测试、运输过程中振动和冲击的监测、颤振研究测试等领域。

- **电容加速度传感器**

作为基于电容原理的极距变化型的电容传感器，其一般采用弹簧质量系统，其制造过程基于 MEMS 工艺。电容加速度传感器具有灵敏度高、零频响应、环境适应性好等特点，尤其是受温度的影响比较小；但不足之处表现在信号的输入与输出是非线性的，量程有限，容易受电缆的电容影响。电容加速度传感器较多应用于低频测量，在某些领域无可替代，如安全气囊，手机移动设备等。

- **伺服加速度传感器**

一种闭环测试系统，具有动态性能好、动态范围大和线性度好等特点。其工作原理为，传感器的振动系统由 "m- k" 系统组成，与一般加速度计相同，但质量块上还接着一个电磁线圈，当基座上有加速度输入时，质量块偏离平衡位置，该位移大小由位移传感器检测，经伺服放大器放大后转换为电流输出，该电流流过电磁线圈，在永久磁铁的磁场中产生电磁恢复力，力图使质量块保持在仪表壳体中原来的平衡位置上，所以伺服加速度传感器在闭环状态下工作。由于有反馈作用，增强了抗干扰的能力，提高了测量精度，扩大了测量范围，伺服加速度测量技术广泛地应用于惯性导航和惯性制导系统中，在高精度的振动测量和标定中也有应用。

2.1.2.2 应用领域及主要厂商

加速度传感器在消费电子、汽车电子、工业电子、航空航天等领域有广泛的应用，其主要应用领域和用途如下表所示。

加速度传感器应用领域和用途

细分市场	用途
汽车电子	集成到汽车中通过检查运动、静态加速度实现碰撞检查、触发安全气囊
消费电子	通过检查碰撞/稳定性实现电脑硬盘保护、屏幕旋转已经图像缩放等
工业应用	用于检测平台稳定性和倾斜度，进而实现振动检测等
航空航天	用于武器/飞行器导航
导航	用于潜艇/飞行器导航

全球加速度传感器主要生产厂商如下：

➤ 美国 Kionix 公司

全球性的 MEMS 加速度传感器供应商，是日本罗姆集团的子公司。Kionix 公司提供高性能、低功耗的加速度传感器、陀螺仪、6 轴惯性传感器，以及可支援完整感应器组合、作业系统和硬体平台等范围的综合软体库。Kionix 公司最新的产品是具有完整功能、低功耗的 2mm × 2mm × 0.9mm 的超薄型加速度感应器。

➤ 瑞士 Colibrys 公司

Colibrys 公司具有完备的 MEMS 产品设计、研究开发、芯片生产、封装和混合机电元件测试技术。该公司生产的加速度传感器（带有振荡器）适用于地震等"剧烈震动"状态的遥感应用，其电容 MEMS 加速度传感器是最优秀的"数字检波器"之一，被广泛地用于需要超低噪声测量和低成本情况下的地震和振动传感，也适用于结构/建筑物监测、工业/过程监控、强烈振动、地球物理、铁路技术，以及航空航天 IMU/AHRS、航空电子设备、无人机、陆地及海洋导航、定向钻井、地球物理、火车等应用。

➤ 瑞士 TEConnectivity 公司

该公司专业从事加速度传感器的研发和制造，产品基于 MEMS、粘贴应变计和压电陶瓷/薄膜技术。该公司生产的传统的 3 线和 2 线（IEPE）电压模式压电加速度传感器具有输出信号大，并且频带宽的特点；电荷式压电加速度传感器能够在高温环境下测量冲击和振动。

➤ 上海矽睿公司

该公司从事中高端 MEMS 传感器业务，其产品覆盖加速度传感器、磁传感器、陀螺仪、压力传感器等多个方向。该公司以消费电子、汽车、工业控制、通信与医疗等领域为主要目标市场，设计和生产优质传感器产品，并为客户提供相应的系统解决方案和服务。该公司拥有自主知识产权的 CMOS 集成 6 轴组合传感器技术，基于该技术开发了高性能 3 轴磁传感器，且正在研发 9 轴组合传感器（3 轴加速度计 + 3 轴陀螺仪 + 3 轴磁力传感器）产品及系统解决方案。

➢ 美国 MCube 公司

该公司主要研发、设计、生产和销售小体积、低功耗的 MEMS 运动传感器，为智能手机、可穿戴设备和物联网设备提供世界上先进的惯性传感解决方案。该公司 2017 年收购了专注于人体运动和工业传感器模块市场的技术公司——Xsens。

➢ 苏州明皜公司

该公司主要从事加速度 MEMS 传感器的研发、设计和生产，并提供相关技术服务。该公司生产的加速度传感器基于电容式检测原理，运用了拥有自主知识产权的 3D CMOS-MEMS 工艺，全系列达到了 14bit 的高分辨率。其生产的内置温度传感器可有效降低温度变化所带来的测量误差；部分型号内设 96 级 FIFO，可有效提高主芯片效率，降低系统功耗。

2.1.3 陀螺仪

陀螺仪的原理是，一个旋转物体的旋转轴所指的方向在不受外力影响时是不会改变的。

陀螺仪器最早用于航海导航，但随着科学技术的发展，它在航空和航天事业中也得到广泛的应用。陀螺仪器不仅可以作为指示仪表，更重要的是它可以作为自动控制系统中的一个敏感元件，即可作为信号传感器。根据需要，陀螺仪器能提供准确的方位、水平、位置、速度和加速度等信号，以便驾驶员或用自动导航仪来控制飞机、舰船或航天飞机等航行体按一定的航线飞行，而在导弹、卫星运载器或空间探测火箭等航行体的制导中，则直接利用这些信号完成

陀螺仪示意图

航行体的姿态控制和轨道控制。近年来，陀螺仪更是因为智能终端的普及得到极为广泛的应用。

　　与传统的利用角动量守恒原理的陀螺仪相比，MEMS 陀螺仪使用了不同的工作原理。传统的陀螺仪是一个不停转动的物体，其转轴的指向不随承载它的支架旋转而变化。为此，MEMS 陀螺仪在基于传统陀螺仪特性的基础上利用科里奥利力实现了设备的小型化。以意法半导体的 MEMS 陀螺仪为例，其核心元件是一个微加工机械单元，在设计上按照一个音叉机制运转（音叉机制的工作原理是通过安装在音叉基座上的一对压电晶体使音叉在一定共振频率下振动，当音叉与被测介质相接触时，音叉的频率和振幅将改变，音叉开关的这些变化由智能电路进行检测、处理并将之转换为一个开关信号）。电机驱动部分通过静电驱动方法，使机械元件前后振荡，产生谐振，利用科里奥利力把角速度转换成一个特定感应结构的位移，两个正在运动的质点向相反方向做连续运动。只要从外部施加一个角速度，就会出现一个力，力的方向垂直于质点的运动方向。

2.1.3.1　主要分类

　　根据转子转动自由度数目不同，陀螺仪传感器可以分为：二自由度陀螺仪和三自由度陀螺仪。其中根据陀螺仪所使用反作用力矩的性质不同，二自由度陀螺仪又进一步划分为：基于阻尼力矩的积分陀螺仪、基于弹性力矩的速率陀螺仪和基于惯性力矩的无约束陀螺仪。

　　根据陀螺仪支撑方式的不同，陀螺仪分为滚珠轴承自由陀螺仪、液浮陀螺仪、静电陀螺仪、挠性陀螺仪、激光陀螺仪和 MEMS 陀螺仪。其中，MEMS 陀螺仪又称硅微机电陀螺仪，绝大多数的 MEMS 陀螺仪依赖于相互正交的振动和转动引起的交变科里奥利力。其利用科里奥利定理，将旋转物体的角速度转换成与角速度成正比的直流电压信号，其核心部件通过掺杂技术、光刻技术、腐蚀技术、LIGA 技术、封装技术等批量生产的。

2.1.3.2　应用领域及主要厂商

　　MEMS 陀螺仪可应用于手机、航空、航天、航海、兵器、汽车、生物医学、环境监控等领域，并且相比传统的陀螺仪具有体积小、重量轻、低成本、高可靠性、大量程和易于数字化、智能化的特点。

　　陀螺仪传感器主要应用领域如下表所示。

陀螺仪传感器应用领域

细 分 市 场	用　途
汽车等交通运输	集成应用到车载导航和航海导航上，大幅度提升了导航的精准度；作为稳定器，使列车在单轨上行驶，能减小船舶在风浪中的摇摆
消费电子	应用于手机导航、防抖、游戏控制、指令输入以及 VR 等；用于相机姿态控制，实现稳拍防抖功能；用于无人机飞行姿态感知和控制功能
工业应用	为地面设施、矿山隧道、地下铁路、石油钻探以及导弹发射井等提供准确的方位基准
航空航天	提供准确的方位、水平、位置、速度和加速度等信号，以便驾驶员或用自动导航仪来控制飞机、舰船或航天飞机等航行体按一定的航线飞行；在导弹、卫星运载器或空间探测火箭等航行体的制导中，则直接利用这些信号完成航行体的姿态控制和轨道控制；作为稳定器使安装在飞机上的照相机相对地面稳定等

全球陀螺仪主要生产厂商包括：

➢ 瑞士 ST 公司

该公司拥有世界上强大的产品阵容，既有知识产权含量较高的专用产品，也有多领域的创新产品，例如分立器件、高性能微控制器、安全型智能卡芯片、微机电系统（MEMS）器件。目前意法半导体 ST 公司处于消费类 MEMS 陀螺仪和惯性传感器的领导地位，占据将近四成的市场份额。

➢ 美国 InvenSense 公司

该公司是业内针对移动终端设计 MEMS 陀螺仪企业。该公司开发了 3 轴、6 轴甚至 9 轴的运动传感器，轴数越大，集成的传感器种类就越多，这样就可以满足不同应用对动作捕捉的要求。2009 年，借助任天堂（日本最著名的游戏制作公司）的成功，InvenSense 公司在 MEMS 市场成长速度位居第一。InvenSense 于 2017 年推出了全球首款 7 轴运动传感器并量产。

➢ 美国 Bosch 公司

该公司是全球消费类 MEMS 陀螺和惯性传感器的龙头厂商之一。该公司推出的最新惯性传感器将最顶尖的 16 位 3 轴超低重力加速度传感器和超低功耗 3 轴陀螺仪集成于单一封装。当加速度传感器和陀螺仪在全速模式下运行时，耗电典型值低至 $950\mu A$，仅为当时市场上同类产品耗电量的 50% 或者更低。

➢ 美国 ADI 公司

该公司是 MEMS 创新产品的领导者，拥有业界最丰富的 MEMS 陀螺仪系列产品。该公司不仅提供全面的惯性检测解决方案，包括备受赞誉的 iMEMS 加速度传感器和陀螺仪、iSensor™ 智能传感器以及惯性测量单元（IMU）；同时还简化了运动检测在工业、医疗、消费电子、通信和汽车等众多领域中的应用，深受全球市场领先公司的欢迎。

➢ 耐威科技（OEM）

该公司是专业从事惯性导航、组合导航系统及产品的研发、生产与销售的高新技术企业，具备自主开发及生产高性能 MEMS 陀螺仪、高精度 MEMS 加速度传感器等主要惯性器件以及"惯性导航 + 卫星导航 + 组合导航"全覆盖的自主研发生产能力。

➢ 深迪半导体

该公司是我国本土 MEMS 陀螺仪设计生产企业之一。其发布的陀螺仪产品 SSZ030CG，标志着第一款具有中国自主知识产权的商用 MEMS 陀螺仪的诞生。

2.1.4　磁传感器

磁传感器的工作原理是通过将磁场、电流、应力应变、温度、光等外界因素引起的敏感元件磁性能变化转换成电压或电流信息。其主要用于感测速度、运动和方向。由于传感器的内部运行和外部组件不需要实际接触，因此，磁传感器成为汽车和工业环境中降低环境污染的理想之选，同时它还能够减少因组件之间的摩擦而产生的损耗，从而降低设备的维护成本。

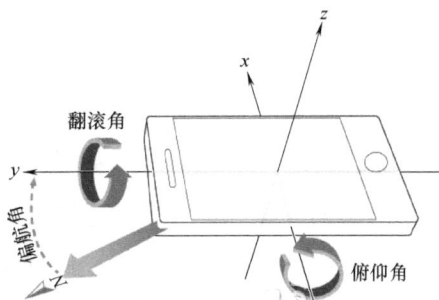

磁传感器示意图

2.1.4.1　主要分类

按照技术进步发展，磁传感器可以分为：霍尔效应（HallEffect）传感器、各向异性磁阻（AMR）传感器、巨磁阻（GMR）传感器和隧道磁阻（TMR）传感器等。

- **霍尔效应传感器**

其原理为半导体产生的霍尔效应。其能够可靠地在各种电磁环境中运行。常见的应用包括油量表，主要用于检测油箱中的浮子，同时它也可用于无刷电机，检测转子位置并对电流进行计时。当磁传感器与其他电路集成时，制造过程无须特殊材料或进行特殊处理，有助于降低设计成本。霍尔效应传感器可细分为包括霍尔线性传感器、霍尔开关

霍尔效应传感器示意图

器件和磁传感器三种。霍尔线性器件具有很宽的磁场量测范围，并能识别磁极。霍尔开关器件具有无触点、无磨损、输出波形清晰、无抖动、无回跳、位置重复精度高，工作温度范围宽（可达 $-55 \sim 150℃$）等特点。磁传感器对磁场变化非常敏感，能够检测到磁场中非常细微的变化。

- **各向异性磁阻（AMR）传感器**

其原理为某些金属或半导体在遇到外加磁场时，电阻值会随着外加磁场大小的变化而产生磁阻效应。当外部磁场与磁体内建磁场方向成零度角时，电阻不会随着外加磁场变化而发生改变，但当外部磁场与磁体的内建磁场有一定角度时，磁体内部磁化矢量会偏移，使薄膜电阻降低，这种特性称为各向异性磁电阻效应。通过构建惠斯通电桥并测试电桥的两输出端输出差电压信号，可以得到外界磁场值。AMR 传感器可以很好地感测地磁场范围内的弱磁场。其特点为：磁场范围以地球磁场为中心，对于以地球磁场作为基本操作空间的传感器应用来说，具有广大的运作空间，无须像霍尔元件那样增加聚磁环等辅助手段；具有一层磁性薄膜，工艺简单，成本低，不需要昂贵的制造设备，成本优势明显；可以达到在地球磁场中测量方向精确度为 1° 的半导体工艺技术；具有高频、低噪和高信噪比特性，在各种应用中尚无局限性。

- **巨磁阻（GMR）传感器**

其原理为铁磁金属/非磁性金属/铁磁金属构成的多层膜，在低温下发生非常显著的电阻变化。区别于常规磁电阻呈各向异性磁阻，GMR 传感器的磁阻呈各向同性，与磁化强度和电流的相对取向基本无关。具有 GMR 效应的材料主要有多层膜、颗粒膜、纳米颗粒合金薄膜、磁性隧道结合氧化物、超巨磁电阻薄膜等材料。GMR 传感器商业化的时间晚于霍尔传感器和 AMR 传感器，其制造工艺相对复杂，生产成本也较高，但具有灵敏度高、能探测到弱磁场且信号好，温度对器件性能影响小等优点，因此市场占有率呈稳定状态。GMR 传感器在消费电子、工业、国防军事及医疗生物方面均有所涉及。

- **隧道磁阻（TMR）传感器**

其原理为利用磁性多层膜材料的隧道磁电阻效应对磁场进行感应产生的隧道磁阻效应。根据量子力学理论，当两层铁磁层的磁化方向互相平行，多数自旋子带的电子将进入另一磁性层中多数自旋子带的空态，少数自旋子带的电子也将进入另一磁性层中少数自旋子带的空态，总的隧穿电流较大，此时器件为低阻状态；当两层磁铁层的磁化方向反平行，情况则刚好相反，即多数自旋子带的电子将进入另一磁性层中少数自旋子带的空态，而少数自旋子带的电子也进入另一磁性层中多数自旋子带的空态，此时隧穿电流较小，器件为高阻状态。可以得出，隧道电流和隧道电阻依赖于两个铁磁层磁化强度的相对取向，当磁化方向发生变化时，隧穿电阻也发生变化，因此称为隧道磁电阻效应。TMR 传感器具有更好的温度稳定性、更高的灵敏度、更低的功耗、更好的线性度，相对于霍尔元件不需要额外的聚磁环结构，相对于 AMR 元件不需要额外的 set/reset 线圈结构。

2.1.4.2　应用领域及主要厂商

磁传感器无所不在、尺寸小巧且价格合理，可以轻松地和其他电路一同集成到芯片上，因此，磁传感器被人们广泛用于各种应用。应用领域包括汽车、无线和消费电子、军事、能源、医疗和数据处理等，其主要应用领域如下表所示。

磁传感器应用领域

应用领域	对应的产品	功能及用途举例
消费电子领域	电子罗盘芯片	检测运动物体的航向和姿态，用于手机导航等
	磁性开关芯片	检测磁铁的靠近与否，用于控制玩具运动、灯的关停
汽车电子领域	速度传感器	检测磁性轮的转速，给仪表、EUC、变速系统提供车速信号，检测发动机的转速，车轮转速
	电子罗盘	检测运动物体的航向和姿态，用于汽车导航等
	曲轮轴位置传感器	发动机控制系统中用于准确检测发动机的曲轴转角，以得到发动机转速的信号
工业控制领域	磁性开关	检测磁铁的靠近与否，用于控制电梯信号、检测矿井设备位置，开发气缸传感器等
	磁电编码器	通过检测磁码盘的运动来测转速和位移，用于电动机、曳引机等需要对运动速度和位移反馈的自动化控制场合
	转速传感器	通过检测齿轮货磁码盘的运动来测转速，用于纺织机械、数字化智能轴承等
	电流传感器	检测电流值，用于电动机保护、UPS 电源保护
智能电网领域	电流传感器	检测电流实现电流检测，用于过电流保护、电能计量等方面
白色家电领域	磁性开关	检测磁块的位置来控制机械动作，如洗衣机开关门和水位检测、冰箱灯开关控制等
	电流传感器	检测电流，如洗衣机电动机电流等
智能交通领域	地磁车辆检测器	检测车流量、车位置检测，用于智能交通及停车场控制系统
金融机具领域	磁图像、磁性油墨传感器	检测磁图像的存在与否与图形读取，用于点钞机、验钞机等金融机具的开发
	POS 机读头传感器	读取传统银行卡磁卡数据，用于 POS 机、ATM 机开发
军事安全领域	传感器引信	检测坦克与军舰引起的地磁异常，引爆地雷或水雷
	弹旋传感器	检测炮弹旋转圈数，计算飞行距离，实现定点爆炸
	弱磁探头	检测出隐身军事装备所用的吸波材料，发现军事目标
	磁罗盘	检测地磁场，用于航海航空导航，导弹导航（航位推测）

全球磁传感器主要生产厂商包括：

➢ 日本 AKM 公司

该公司是全球较大的磁传感器供应商之一。AKM 公司在霍尔元件和集成电路方面有着巨大的规模经济优势，而高价的电子罗盘则帮助该公司获得了较高营业收入。这类罗盘用于手机、平板电脑、数码相机、个人导航设备等领域。AKM 公司的 3 轴电子罗盘占其整体磁传感器营业收入的 1/3 以上，其余则来自面向消费电子产品与电器的低成本开关和传感器。

> 美国 Allegro Micro-systems 公司

该公司是全球最大的磁传感器供应商之一，是设计和制造霍尔效应集成电路的领先企业，也是最主要的汽车磁传感器供应商。凭借独特的硅制造工艺，Allegro 公司将霍尔效应传感器和信号处理电路集成到单片硅设备中，获得了高精度的磁通密度测量传感器，其线性位置和角度霍尔效应传感器 IC 广泛用于汽车、工业、家用电器和消费市场。

> 德国英飞凌公司

该公司是全球最大的磁传感器供应商之一，也是较大的轮速传感器供应商。该公司在集成巨型磁阻传感器元件与专用集成电路（ASIC）方面也处于前列。2018 年英飞凌公司推出了首款采用 TMR 技术的磁传感器，成为世界能够以完整四种磁技术（HALL、GMR、AMR 及 TMR）提供磁传感器的制造商。

> 瑞士 TDK Micronas 公司

该公司是全球最大的线性霍尔传感器供应商之一，也是全球最受欢迎的汽车和工业领域的智能芯片系统方案提供商之一。TDK Micronas 公司的产品组合很宽，多数面向汽车应用，但也越来越重视工业传感器。TDK Micronas 公司一直在开发 3D 霍尔技术。3D 霍尔传感器扩展了现有霍尔传感器的空间分辨率，可与性能较高的磁阻磁传感器抗衡。

> 比利时 Melexis 公司

全球排名前五的磁传感器供应商，专注于汽车应用，提供众多传感器 IC、ASSP 和 SAIC，最近在我国汽车市场获得了可观的份额。该公司是节气门踏板传感器的主要供应商。

> 日本 ROHM 公司

该公司是 Kionix 公司的母公司，2016 年 TDK Micronas 公司将自身突出的制造磁传感器能力，与 Kionix 公司制造加速度传感器能力结合，推出了加速传感器 + 地磁传感器组成的 6 轴 KMX62 组合传感器，其是拥有高性能

MI（Magnetic Impedance）的磁传感器、16 bit 分辨率、384 字节 FIFO I^2C 通信方式，可应用于可穿戴设备、物联网，以及电子罗盘等。

> 德国 Sensitec 公司

该公司是磁传感器技术的全球领导者之一，生产面向工业和汽车系列应用的磁阻效应传感器。该公司同时掌握了工业上使用的三种技术［即异向磁阻（AMR）、巨磁阻（GMR）和隧道磁阻（TMR）］知识，2012 美国"好奇号"火星探测车应用了 Sensitec 公司的磁阻传感器成功在火星着陆。Sensitec 公司的磁阻传感器主要应用领域包括汽车行业、自动化行业、航空、医疗设备等领域。

> 日本 YAMAHA 公司

该公司是 GMR 传感器的主要生产厂商之一。GMR 传感器在消费电子领域的主要应用是智能手机的电子罗盘，YAMAHA 公司的 GMR 传感器和 AKM 的霍尔磁传感器占据了该应用市场的 80% 份额。

> 张家港多维科技公司

该公司是国际领先的 TMR 传感器量产供应商，其拥有世界先进的 TMR 传感器量产晶圆生产线和针对 TMR 传感器的设计、生产和应用的强大知识产权组合，拥有超过 160 项 TMR 传感器的发明和应用专利。该公司产品平台包括开关、线性、角度和齿轮传感器，已成功开发出低功耗开关、金融磁头、电子罗盘和 Z 轴传感器等核心产品。

> 无锡美新公司

该公司专注于从事制造、研发和销售 MEMS 以及模拟、混合信号集成电路与应用系统的半导体企业。美新公司磁传感器集成单芯片 3 轴 AMR 传感器与信号处理电路于超小型的 BGA 封装中，突破了原有 AMR 传感器技术的壁垒。该产品拥有广泛的市场和应用，包括航空电子设备、医疗设备、高精度工业设备、汽车安全模块、移动电话和消费类电子等领域。

2.1.5 声敏传感器

声敏传感器是把气体、液体或固体介质中传播的机械振动转换成电信号的一种器件或装置。通过力学、电学等边界条件的影响导致的测量声波传播特性的改变，检测出边界上力学参数［例如微质量、应力、黏滞、温度等和电学参数（如介电常数）等］的改变。

2.1.5.1　主要分类

声敏传感器的种类很多，按原理可分为压电电致伸缩效应、电磁感应、静电效应和磁致伸缩等。按声电转换原理分为：电阻变换型、压电式、电容式和动圈式。声敏传感器具有体积小、灵敏度高、造价低等优点，在物理、化学、环境监测、生化过程等的在线实时检测中具有广泛应用。

- **电阻变换型声敏传感器**

电阻变换型声敏传感器按照原理又分为接触阻抗型和阻抗变换型。接触阻抗型声敏传感器是通过检测接触式测量声波引发的阻值变化来感应外部信号。电阻变换型声敏传感器是由电阻丝应变片或半导体应变片黏贴在膜片上构成的，当声波经空气传播至膜片时，声压作用在膜片上，导致膜片产生形变和振动，在膜片和电极之间碳粒的接触电阻发生变化，检测电路将这种变化转换为电压信号输出完成声-电的转换，从而调制通过麦克风的电流，该电流经变压器耦合至放大器，信号经放大后输出。

- **压电式声敏传感器**

压电式声敏传感器是利用压电晶体的压电效应制成的。压电晶体的一个极面和膜片相连接，当声压作用在膜片上使其振动时，膜片带动压电晶体产生机械振动，压电晶体在机械应力的作用下产生随声压大小变化而变化的电压，从而完成声-电的转换。压电式声敏传感器可广泛用于水声器件、微音器和噪声计等方面。

- **电容式声敏传感器**

电容式声敏传感器利用音频振动导致膜片变形进而产生电容量变化的原理制成的。电容式声敏传感器的输出阻抗为容性，由于其容量小，在低频情况下容抗很大，为保证低频时的灵敏度，必须有一个输入阻抗很大的变换器与其相连，经阻抗变换后，再由放大器进行放大。电容式声敏传感器麦克风有两块金属极板，其中一块表面涂有驻极体薄膜并将其接地，另一极板接在场效应晶体管的栅极上，栅极与源极之间接有一个二极管，当驻极体膜片本身带有电荷，表面电荷地电量为 Q，板极间

地电容量为 C，则在极头上产生地电压 $U = Q/C$。当受到振动或受到气流地摩擦时，由于振动使两极板间的距离改变，即电容 C 改变，而电量 Q 不变，就会引起电压的变化，电压变化的大小，反映了外界声压的强弱，这种电压变化频率反映了外界声音的频率，这就是电容式声敏传感器麦克风的工作原理。

- **动圈式声敏传感器**

所谓动圈式声敏传感器包含振膜、音圈和磁体，是利用电磁感应原理做成的。它在一个膜片的后面粘贴着一个由漆包线绕成的线圈，也叫音圈。在有膜片的后面还安装了一个环形的永磁体，并将线圈套在永磁体的一个极上，线圈的两端用引线引出，利用线圈在磁场中，切割磁感线，将声音信号转化为电信号，音圈在磁场中振动产生与拾取声音相匹配的电信号。动圈式声敏传感器构造相对简单，因此经济耐用。它们能承受极高的声压，且不太受极端温度或湿度的影响。铝带声敏传感器是动圈式声敏传感器的一种，但使用薄薄的导电铝带置于磁体的两极之间。铝带声敏传感器是典型的双指向声敏传感器，分别拾取前方和后方的声音，但不会拾取侧面（90°角）的声音。

2.1.5.2 应用领域及主要厂商

声敏传感器广泛用于现代工业和电子产品中，见下表。

声敏传感器应用领域

细分市场	用　　途
军事	地面传感器侦察监视系统能根据语音察明其国籍、身份和谈话内容；如果运动目标是车辆，可根据声响判断车辆种类
医疗	光纤麦克风，可以应用于核磁共振成像的通信，是唯一在核磁共振成像扫描时可以在病人和医生之间进行通信的麦克风
生活	声控开关、用于门户的入口控制，来监控入侵者出现的区域。可用来鉴别引起报警的原因。此外，声敏传感器在汽车中用于防盗
工业	超声波倒车雷达或倒车声呐系统
领海	高精度磁力仪
航空航天	航空探测等方面都有涉及，声敏传感器的对声呐系统的改进也贡献很大

全球声敏传感器主要生产厂商包括：

➢ 楼氏电子公司

该公司是全球声敏传感器领导厂商之一。该公司利用微型电容、平衡电枢和 CMOS/MEMS 等技术平台的综合优势，提供动圈式扬声器与麦克风，产品广泛地应用于手机、掌上电脑、笔记本、MP3 播放器及耳机等。

➢ 深圳 AAC 瑞声公司

该公司是全球最佳微型声学元器件供应商之一。该公司产品组合包括微型麦克风、扬声器、扬声器模组、多功能器件、传声器、讯响器及耳机，产品应用于移动手机、游戏机控制摇杆、笔记本电脑及其他消费型电子装置。

➢ 山东歌尔公司

该公司是全球微型麦克风领域领导企业之一。该公司主要产品包括微型麦克风、微型扬声器/送话器、蓝牙系列产品和便携式音频产品，主要应用于移动通信设备及其周边产品、可穿戴、增强/虚拟现实、音频、虚拟现实娱乐与交互、机器人、智能灯。

➢ 韩国 BSE 公司

该公司是全球第四大已封装 MEMS 麦克风生产及供应商，其主导产品为手机用微型麦克风，年产 4 亿只，市场占有率居世界前列，2017 年占全球市场份额的 38% 等。

2.2　生物 MEMS 技术

生物 MEMS 技术是典型的交叉学科产物和汇聚技术，是利用某些生物活性物质所具有的高度选择性来识别待测生物化学物质，并将其浓度转化为电信号进行检测的装置。生物 MEMS 技术是用 MEMS 技术制造的化学/生物微型分析和检测芯片或仪器，将在衬底上制造出的微型驱动泵、微控制阀、通道网络、样品处理器、混合池、计量、增扩器、反应器、分离器以及检测器等集成为多功能芯片，从而实现样品的进样、稀释、加试剂、混合、增扩、反应、分离、检测和后处理等分析全过程。它把传统的分析实验室功能微缩在一个芯片上。生物 MEMS 系统具有微型化、集成化、智能化、成本低的特点；功能上有获取信息量大、分析效率高、系统与外部连接少、实时通信、连续检测的特点。国际上生物 MEMS 的研究已成为热点，不久将为生物、化学分析等领域带来一场重大的革新。生物 MEMS 主要应用领域和特点如下表所示。

生物 MEMS 的主要应用领域

应 用 领 域	应 用 举 例
生命科学	活细胞中生物分子相互作用、单分子生物学、单细胞生物学
食品工业	食品成分、鲜度、添加剂分析、农药残留分析、微生物和毒素检测
生物工程	发酵液成分分析、代谢物和产品分析、生物量分析
环境监测	水体有机污染、大气环境污染、室内空气污染检测
临床诊断	血糖等生化指标测定、免疫学分析、病原及耐药性检测
居家护理	家用生化分析仪、残疾人协助设备
口岸检疫	生物毒素、细菌指标、转基因标识物等分析
国防反恐	生物毒素、病毒、细菌快速甄别与鉴定
航天科技	航天员健康指标分析、航天器内环境指标分析、航天生物学研究

由于医疗设备的技术水平不断提升，对 MEMS 器件的需求呈指数增长。同时，医疗市场也产生了对便携式和可穿戴设备的高要求——准确、及时且按需实现患者监测。为了满足市场需求，很多 MEMS 代工厂都提供专用

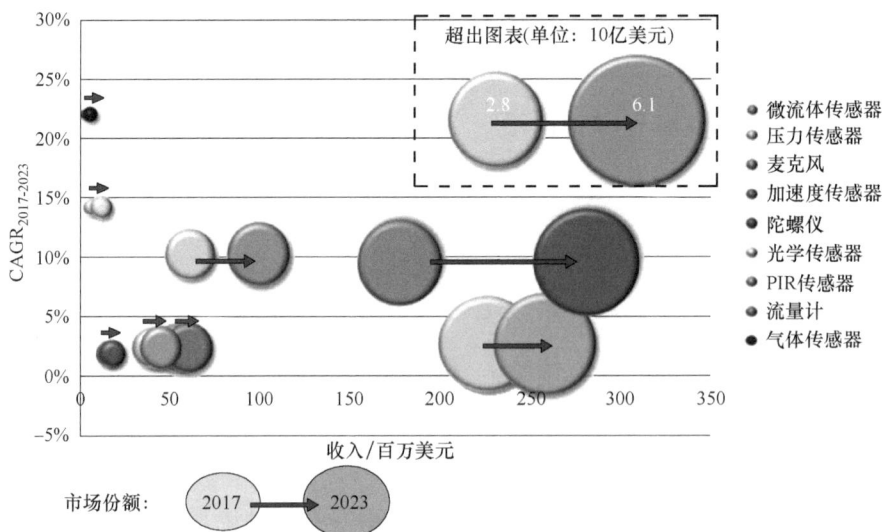

2017~2023年BioMEMS市场动态预测

2017～2023 年生物 MEMS 市场发展情况

于医疗保健应用的制造服务，包括微流控芯片（硅基、聚合物基、玻璃基）。据相关机构预测，应用于生命科学和医疗保健领域的生物 MEMS 市场将增长一倍以上，即从 2017 年的 30 亿美元增长到 2023 年的 69 亿美元，复合年增长率高达 14.9%。这使得生物 MEMS 成为当今传感器生产厂商的"垂涎之物"！

2.2.1　相关分类

在先进的生物技术领域中，可利用微细加工和微加工等技术快速且经济地建成可进行自动测量的纳米级实验室。在更复杂的情形下，生物 MEMS 设备为人造器官、独特的药物疗法及观察细胞交流的新途径提供了一个宽广的渠道。生物 MEMS 分为两大类，即为生物医学 MEMS 和生物技术 MEMS。生物医学 MEMS 主要应用在人体内及人体解剖学等领域，其中包括生物遥测、药物输送、生物传感器和其他人体传感器等。生物技术 MEMS 用于体外培养来自人体的生物样品，其中包括基因测序、功能基因组学、开发药物、药物基因组学、诊断和病原体检测/编号等。按照工作原理生物 MEMS 可以划分为（见下表）：电化学生物 MEMS、磁生物 MEMS、微电极阵列生物 MEMS、压电传感器生物 MEMS 和光学生物 MEMS。

生物 MEMS 类型、原理及应用

类　型	工作原理	优　势	应　用
电化学生物 MEMS	由固定化的生物体成分（酶、抗原、抗体、激素等）或生物体本身（细胞、细胞器、组织等）检测生物信号	价格低、能耗低、响应快	生物技术、食品工业、临床检测、医药工业、生物医学、环境分析等领域
电化学生物 MEMS：肽电极检测 TNT	电极表面肽链与 TNT 结合后会使电极表面阻抗显著改变。将化学信号转化为电信号，并通过蓝牙将相应信息发送到手机显示	便携，特异性强	生化反恐
磁生物 MEMS	使用磁性粒子对目标进行标记，来对目标进行检测和操作	可以远程检测并进行操作，高精度，高安全性，微型化	微粒子磁驱动，热疗，靶向药物，核磁共振成像

（续）

类　型	工作原理	优　势	应　用
磁生物 MEMS：巨磁阻传感器检测微流体系统	检测微通道内磁场中的磁阻变化，进而转化为电信号	实时监控微流控系统中液滴的速度与流量。做到精确控制	监测控制微液滴，细胞载药
磁生物 MEMS：频移磁粉阵列传感器	磁珠经过影响磁粉阵列的共振频率，进而被配套的 CMOS 电路直接检测分析	利用芯片技术无外部磁场，高精度，低功耗，低干扰	DNA 检测，蛋白质检测，药物检测
磁生物 MEMS：热疗特异性杀死肿瘤	用特异性抗体包裹磁核，抗体与肿瘤上特异性抗原结合后，用外界交变电磁场（AFM）使磁核内产生涡流并发热，用高温特异性杀死肿瘤	特异性好，损伤小	肿瘤治疗
微电极阵列传感器（MEA）	在培养细胞和组织的微玻璃表面点阵状排列多个微电极，从而直接记录生物电信号	可以持续记录多个信号，技术完善，信号易于处理分析	神经、心肌细胞等有明显生物电信号细胞的生理特性和离子通道生物学特性研究
微电极阵列传感器：测试海马体细胞	利用微电极阵列记录不同区域电信号，并推断各区域间联系		人脑结构，神经网络结构研究
压电传感器（QCM）	通过微小质量变化对于晶体共振频率的影响进行检测	高精度，高灵敏度，应用范围广，易于制作	细胞附着，增殖，细胞-基底，细胞-药物作用检测
压电传感器：特异性 DNA 链检测	通过微小质量变化对于晶体共振频率的影响进行检测	高精度，良好的特异性和灵敏度	DNA 的遴选与检定
光学生物 MEMS	待测物反应引起金膜表面折射率变化，产生不同的吸收光谱	小型化，可即时动态检测，高敏感度	药物研究、生物检测、细胞标记、定点诊断、分子动力学研究及疾病诊断
光学生物 MEMS：表面等离子共振	待测物反应引起金膜表面折射率变化，产生不同的吸收光谱	小型化，可即时动态检测，高敏感度	药物检测，化学反应研究

2.2.2　发展及现状

生物 MEMS 已经发展了 50 年，在生命科学研究、疾病诊断与护理、环境监测、生物过程控制中发挥了重要作用。生物 MEMS 发展经历了以下三个阶段：

第一次发展高潮：各种物理和化学换能原理被采用，推动领域形成

20 世纪 70～80 年代，一方面，各类生物大分子和生物材料被用于生物 MEMS 的分子识别元件，包括酶、抗体、核酸、细胞、组织片、微生物、完好的生物器官（如动物神经触角）等，多种生化和免疫物质（即环境化学物质）得以被快速检测。另一方面，众多物理和化学换能器原理纷纷被采用，形成了生物传感大家族。其中涵盖了从生物量到各种物理量和化学量的转换，包括电化学生物传感、热学生物传感、半导体生物传感（生物场效应晶体管）、光纤生物传感、压电、质量及声波生物传感等。这些基于新原理的生物传感模式各具特色，适合于不同的应用场景，奠定了生物传感领域发展框架。

第二次发展高潮：新原理生物传感和 DNA 芯片促进大规模商业化

1）第二代酶电极成功商业化。20 世纪 80 年代，美国 YSI 公司（Yellow Spring Instruments Inc.）实现了酶电极在食品发酵行业的商业化应用。然而，早期的酶电极在进一步普及应用的过程中存在两个主要难题：①所采用的酶多为氧化还原酶，尤其是氧依赖型酶，以氧分子作为电子受体，需要较高的工作电位（0.7V），容易受其他电极活性物质干扰，而且样品中本底氧浓度变化也会产生背景噪声。由此，英国学者 Cass 等用合成化学介体二茂铁取代氧分子作为酶催化的电子受体，在较低的工作电位下实现酶与电极之间的电子传递，解决了电极活性物质干扰和氧背景干扰的问题，这被称为第二代酶电极。②酶电极采用手工制作，成本高、互换性较差，推广受限。受到电子行业印制电路工艺的启发，英国克兰菲尔德大学（Cranfield University）的专家们引入了丝网印刷技术，实现了酶电极的规模化制备。新原理与新技术的结合，成功地解决了上述难题，使生物 MEMS 成为"用过即扔"的一次性使用商品。该技术首先用于血糖测定，并迅速在医院普及，广泛用于高血糖患者居家监护。

2）表面等离子体共振生物 MEMS 广泛用于生物分子相互作用的研究。在生命科学研究和药物开发中，广泛需要测定（生物）分子相互作用。在

SPR 传感器界面上，当入射光发生全内反射时，其光能与器件表面电子云发生共振，共振角度随着器件表面的生物分子与待测分子的相互作用而发生漂移，并呈相关性。测定过程能够动态监测，无须标记样品、监测灵敏度与放射性免疫相当。基于该原理的 Biacore 生物传感仪已经成为研究生物分子相互作用的有效工具和主导技术。然而，任何技术都有生命周期。近 10 年来，ForteBio 公司推出了另一种非标记技术——生物膜光相干生物 MEMS（Bio-Layer Interferometry，BLI）。该方法具有低成本和较高通量的特点，迅速获得普及应用，并与 SPR 生物传感形成竞争态势。

3）DNA 芯片实现基因表达高通量分析。生物芯片（Biochips）包括计算机生物芯片、芯片实验室（Lab-on-a-Chip）和检测芯片。其中检测芯片被认为是生物传感的高通量形式。20 世纪 90 年代中期出现的 DNA 芯片，其微阵列密度高达每平方厘米数万 DNA 探针，可一次性地获得全基因组的表达谱图，从而成为生命科学研究的重要工具。在 DNA 微阵列芯片的基础上，发展出了一系列生物芯片，如蛋白芯片、多肽芯片、寡糖芯片、免疫芯片等，广泛应用于科研和临床。源于清华大学的博奥生物等国内研究中心和企业也做出了系列的创新并成功开拓了市场。

第三次发展高潮：纳米技术被普遍用于提升生物传感性能

21 世纪以来，纳米技术的引入赋予了生物传感许多新的特性，如高灵敏度、多参数、微环境应用等。纳米效应包括表面效应、小尺寸效应和宏观量子隧道效应。当传感器或传感器组件达到纳米尺度时，这些效应便不同程度地显现：在纳米尺寸，传感界面表面原子所占的百分比显著增加，传感器的灵敏度也相应提高。小尺寸效应会导致光学性质、热学性质、磁学性质、力学性质等发生变化。例如，半导体纳米悬臂梁，能够称量一个病毒的重量（9.5×10^{-15} g）。又如，半导体量子点，在同一个激发波长条件下，发射光频率会随量子点尺寸的改变而变化，通过调节量子点尺寸可以获得不同的发射颜色，这使得多靶标光学测定变得简单。由于量子点比荧光染料和荧光蛋白的抗光漂白能力要强得多，适合于长时间观察，目前已在生命科学研究和疾病检验方面获得广泛应用。蛋白质和 DNA 等生物大分子是天然的纳米材料。它们通过自组装，在细胞内形成结构精巧、功能独特的生物传感网络和分子机器系统，从而保证新陈代谢的有序进行。认识它们的复杂结构和运作机理，对于深入理解生命现象有重要帮助。不仅如此，基于获得的知识，构建纳米生物 MEMS 或与纳米材料相结合构建杂合纳米生物 MEMS，特别适合于活细胞中生物学过程和重大疾病发生发展过程的研究。纳米生物传感目前已经有大量研究报道，也成为纳米生物学和纳米生物技术领域的重要研究方向。

2.2.3　热点与挑战

1. 可穿戴式生物 MEMS 及无创测定

可穿戴式传感器系统能够实时地监测个体生命参数，有两个方面的意义：①微观方面，实时测定疾病标志参数，并通过手机等发射装置将数据发送到医疗数据中心，有利于患者居家监护、个体化医疗和远程医疗；②宏观方面，随着大数据、云计算、物联网等技术与互联网的跨界融合，新技术与新商业模式使疾病的预防、诊断、治疗与控制进入智能化时代。生物传感及生理传感系统与手机联通作为智能终端，将成为健康医疗大数据不可取代的数据源。通过接收、存储、管理和处理分析这些数据，可以对公众健康状况、疾病发生规律进行归纳分析，从而提供更好的疾病防控策略。

目前，体温、脉搏、血压、呼吸频率等生理指标的可穿戴式传感器系统已经开始普及。这些指标均可通过物理传感器进行直接测定。而生物 MEMS 的测定对象都在体内，如何实现无创测定成为主要挑战。CardioMEMS 公司采用 MEMS 技术制成心血管微传感器可测量动脉的压力，该传感器就像汽车里的 EZPass 设备（高速公路入口无须停车即可完成付费的自动感应装置）一样工作，本身不带电源，读取信息时在外面用一个感应棒启动传感器即可得到佩戴人动脉的所有相关数据。一般情况下，人体生化、免疫等参数和疾病标志物的测定一般要采集血液。对于一些需要日常监控的代谢指标（如血糖等），每日采血是一个不小的心理负担和生理负担，大多数患者因对采血的恐惧而放弃日常监控。极微量采血器和高灵敏生物 MEMS 组成的微创检测技术能够有效地减少患者的痛苦，但无创测定技术仍然在探索中。其主要有两个技术路径：电化学酶电极方法和光学方法。

- **电化学酶电极方法**

由于酶电极法难以经皮测定，研究者们试图通过测定其他体液样品来间接反映血液成分。例如，采用电流法或负压法使皮下组织葡萄糖渗出，再用酶电极测定。谷歌公司与诺华公司合作尝试将微型酶电极印制在隐形眼镜片上测定泪液中的葡萄糖；美国加利福尼亚州大学正在发展能测定汗液生化成分的佩戴式酶电极。间接法除了需要克服各自的技术难题以外，测定结果与血液中相应的物质浓度之间的相关性以及生理意义是主要的科学问题，需要开展大量的基础与临床研究。华中农业大学的学者最近利用质谱法分析了汗液外泌体中生化物质的组分，有利于找到汗液中合适的健康或疾病检测指标。

- **光学法**

利用被检测对象的光谱学特征进行测定，这些方法包括弹性光散射法、拉曼光谱方法、原位 SPR 法等。近红外光谱测定血糖已经进行了大量研究。葡萄糖分子在近红外区间有吸收峰，但与水分子、脂肪和血红蛋白等吸收相互重叠，干扰严重，加上皮肤组织的光吸收和光散射大大减弱了本来就比较弱的葡萄糖光吸收信号。此外，皮肤和组织的厚度及结构也因人而异，为获得准确的结果还需要考虑个体建模。以色列的两家公司分别通过大数据建模和机器学习，创建了两种"学习法"测定血糖技术。CNOGA 公司的产品 TensorTipCoG 设备具有 4 个发光二极管，可发送波长为 $600 \sim 1150nm$ 的光。当光通过手指，人体组织对光的吸收会使透过光改变颜色，用摄像传感器可检测光谱的变化，同时采血测定血糖浓度，以建立血糖与光谱变化的相关性。通过反复学习和处理器的算法，对多达上亿个色彩组合进行分析建模，最终可无创地计算出血糖浓度。另一款产品 GlucoTrack 采用多模量方法，在耳垂部位测量超声波、电磁和热量的变化，来计算血糖浓度。

拉曼光谱是一种非弹性散射模量，它的散射光波长不同于照射光波长，其效应源于分子振动与转动。科学家已经获得多种化合物分子的拉曼光谱表征数据和指纹图谱。由于水分子的拉曼散射极弱，拉曼光谱适合于水溶液中有机分子的无标记测定。用拉曼光谱技术在体外测定血糖、尿糖、白蛋白等的含量已有不少报道，测定体内血液组分成为目前的研究热点。但如同中红外和近红外光谱法，拉曼光谱特征信号弱、经皮测定信噪比高，准确度和敏感度受到影响，而且仪器昂贵，暂时难以实际应用。采用表面增强拉曼光谱（SERS）方法可以有选择性地放大靶标生物分子特定发色基团的振动，从而大大提高了检测灵敏度。但该方法应如何在体内使用，仍在探索中。

综上所述，尽管还存在种种难题，智能可穿戴生物传感设备无疑具有重要的价值和发展潜力。相关技术上的突破，将带来医疗模式的深刻变化。

2. 生物 MEMS 与活体测定

生物 MEMS 在活体测定方面具有重要意义，如神经活动示踪、肿瘤靶标的体内识别、疾病或健康标志物的体内浓度测定等。由于体内环境的复杂性，对生物 MEMS 有特殊的要求，主要难题包括：体内环境和非特异性成分的干扰、测定装置的微型化、无创测定等。神经递质（如多巴胺）是神经细胞分泌和传递给靶细胞的信息，它们调节人类行为和大脑功能。神经递质的生物合成和代谢转化异常，将导致严重疾病。多巴胺神经传递在动机、学习、认知和运动调节中起主要作用，其水平异常被认为与成瘾行为、神经系统疾病（如帕金森病、阿尔茨海默病和亨廷顿氏病）、精神分裂症和精神病关联。体内测定多巴胺有 3 种方法：微透析采样 + 电化学法分析，属于微创法，有约 20min 的滞后；正电子发射断层扫描法（PET），属于无创法，但设备昂贵，耗时长（40 多 min）；荧光光纤光度法，需要植入，属于微创法。由于多巴胺本身是电极活性物质，电化学分析法是目前的主流技术，相关的生物 MEMS 已有酶电极、DNA 修饰电极、适配子（Aptamers）修饰电极、分子印迹物（MIP）修饰电极等。采用纳米材料可以进一步实现微创分析，而高时空分辨和抗电极活性物质干扰是主要研究方向。已经报道的其他体内测定和示踪的对象还有 NO（自由基信使分子）、乙醇与乙醛（神经活性剂）等。光遗传学（Optogenetic）技术也有可能用于发展活体测定的生物传感。在神经调制的 G 蛋白偶联受体（GPCR）信号过程中，有多种类型的分子光感受器可参与作用，如视蛋白、光活性蛋白、光开关分子和荧光蛋白等。它们或是天然的，或是基因重组的。分子光感受器受外部激发后产生构象变化，触发 GPCR 信号通路。通过光激发和去光激发，可实现细胞信号的调制，从而监视体内神经活动。这类光感受器可以归为分子生物 MEMS 类。

3. 分子生物传感与细胞分子影像

分子生物 MEMS 是由 DNA 或蛋白质等生物大分子通过基因重组或 DNA 合成技术构成的传感器，尤其适合细胞内分子事件的探测。目前广泛应用的分子生物传感器主要有 4 类：分子信标（MB）、荧光能量转移系统（FRET）、生物发光能量转移系统（BRET）和双分子荧光互补系统（BiFC）。它们通过自身的构象变化、光反应及光学活性变化来指示靶标生物分子在活细胞中的定位、运动和分布、分子之间相互作用、分子构象变化、酶活性检测、细胞及亚细胞结构对环境变化和外生化合物作用的响应等。分子生物 MEMS 与超分辨显微系统相结合，能够实现单分子事件的成像检测，这是传统的生物 MEMS 难以企及的，对生命科学研究意义重大。目前，超分辨成像是在固定细胞上完成的，而活细胞条件下的分子事件探测分辨率刚刚突破显微镜衍射极限（200nm），如何在活细胞内实现超高时空分辨的分子事件探测，仍然是挑战。

4. 生物反应工程的在线监控

生物反应工程指通过规模化培养微生物、植物或动物细胞来生产工业品、药品或食品等的工艺过程。过程自动控制对提高生产率和节能环保有重要意义。已经实现了物理和化学参数的检测与控制，但生物参数（如生物量、代谢物、底物和产物）的在线监测仍是难题，主要障碍是生物元件不耐受生物反应器内部的高温高压灭菌环境。目前的监控方式是在生产过程中从生物反应器中采样分析（又称"离线分析"），或经过滤器做引流分析。此外，由于缺乏合适的酶电极，对微生物中间代谢物的检测也比较困难。借鉴合成生物学手段构建级联酶传感器或全细胞代谢生物传感系统，或许能够解决这个问题。生物参数的在线监控是生物反应工程过程实现全流程自动化的最后堡垒，亟待攻克。

5. 生物 MEMS 与现场监测

生物传感设备因其便携性和测定快速而十分适合现场应用。应用场景有水体、土壤和大气环境指标（有机物、重金属等）的测定，污水处理工艺过程控制指标监测，农田肥力检测，食品成分、添加剂及污染物的现场检测，生物反恐现场侦检，口岸检疫及违禁化合物检测，特殊环境（如航空、深海、极地等）的生物和环境指标监测，重症患者的床边即时检测（Point-of-Care Testing，POCT）监护等。随着人们生活质量的提升，相关需求将越来越旺盛。

6. 生物传感元件的稳定性研究

生物传感元件的稳定性差仍然是其广泛应用最主要的限制因素。目前有多种解决办法：通过分子进化或蛋白质工程方法提升生物元件的稳定性；嗜极端环境生物的细胞元件通常稳定性较好，可选作生物传感敏感元件；在生物敏感元件的存储期内添加稳定剂和保护剂，以延长货架寿命；利用模拟酶或分子印迹技术取代天然酶，虽然其稳定性很好，但需要提升催化活性；核酸适配子（aptamer）的稳定性优于蛋白质分子，已在一些场合取代抗体用作分子识别元件；利用无机纳米材料的类酶效应来取代天然酶（主要是过氧化物酶），这是中国学者的创新性贡献。

此外，利用 MEMS 还能制作出智能型外科器械，减少手术风险和时间，缩短病人康复时间，降低治疗费用。Verimetra 公司正在利用 MEMS 把现有手术器械转变成智能型手术器械，可用于多种场合，包括小手术、肿瘤、神经、牙科和胎儿心脏手术等。药物注入也是生物医学 MEMS 另一个可能有巨幅增长潜力的领域。MicroChipd 公司正在开发的一种药物注入系统利用了硅片或聚合物微芯片，其上带有成千上万个微型储液囊，里面充满药物、试剂及其他药品。这些微芯片能够向人体注入药物，使止痛剂、荷尔蒙以及类固醇之类的注入方式发生革命性的变化。类似这样的生物医学新进展还将催生出新型器械，如便携式掌上型透析机等。

2.3 光学 MEMS 技术

随着信息技术、光通信技术的迅猛发展，MEMS 发展的又一领域是与光学相结合，即综合微电子、微机械、光电子技术等基础技术，开发新型光器件，这称为微光机电系统（光学 MEMS）。它能把各种 MEMS 结构件与微光学器件、光波导器件、半导体激光器件、光电检测器件等完整地集成在一起，形成一种全新的功能系统，如下图所示。光学 MEMS 具有体积小、成本低、可批量生产、可精确驱动和控制等特点。目前较成功的应用研究主要集中在以下两个方面：

1）基于光学 MEMS 的新型显示、投影设备，主要研究如何通过反射面的物理运动来进行光的空间调制，典型代表为数字微镜阵列芯片和光栅光阀。

2）通信系统，主要研究通过微镜的物理运动来控制光路发生预期的改变，较成功的有光开关调制器、光滤波器及复用器等光通信器件。光学 MEMS 是综合性和学科交叉性很强的高新技术，开展这个领域的科学技术研究，可以带动大量的新概念的功能器件开发。

a) 多端口无阻塞全光交叉连接器　　　b) 数字微镜器件　　　c) 数字形象投影

光学 MEMS 相关器件及相关技术

光学 MEMS 技术应用主要分为光学执行器、光学传感器、光学加工制造三类。

光学 MEMS 器件设计包括 MEMS 光芯片设计和光学设计两个关键部分。MEMS 光芯片采用专业的 MEMS 设计软件，对芯片的运动模态、驱动特性、微结构应力、阻尼特性、抗振动特性、工艺容差等进行仿真分析，进而确定芯片微结构的各项技术参数。光学设计是完成器件的光学封装的光路设计和仿真，通常还涉及光纤耦合设计。光学 MEMS 芯片的制造，分为体硅工艺、表面硅工艺两种，这些工艺大部分来自于 IC 工艺，也有一部分是 MEMS 的特色工艺，如硅-硅键合、硅深刻蚀、牺牲层工艺等。

光学 MEMS 芯片制造完成后的测试，采用晶圆级测试可以大大加快测试速度，但晶圆级测试机台往往需要定制开发。光学 MEMS 晶圆的切割是最有挑战性的工艺，这主要缘于光学芯片的微细可动结构和微镜面不能冲水、不能贴蓝膜、不能沾污颗粒。光学 MEMS 器件的光电封装是产品化的关键步骤，其不同于 IC 及其他 MEMS 器件的封装，需要采用带有光学窗口的密封金属管壳进行电连接、气密封装，再完成光学对光耦合。光学 MEMS 封装属于特殊封装，其封装成本在器件或系统总成本占有很大的比重，可高达 60% ~ 70%。

光学 MEMS 的主要应用领域见下表。此外，由于智能手机和平板电脑越来越普及，以及用户对用户体验的要求越来越高，环境光传感器和接近传感器等光学 MEMS 传感器的需求也在不断增长。同时，CMOS 图像传感器在消费电子、生物医学、汽车电子以及智能安防等各领域的广泛应用也使得其成为最大的细分市场领域。光学 MEMS 传感器因为应用和市场驱动呈现出了高速增长的趋势。

光学 MEMS 的主要应用领域

领　　域	典　型　应　用
光通信应用	可调光衰减器（VOA）、光开关及光开关阵列、可重构光学上/下路复用器（ROADM）、动态增益均衡器（DGE）、可调谐激光器（TL）、可调谐滤波器（TOF）、可调色散补偿器（TDC）等
光显示	数字微镜（DMD）、激光投影、平板显示器
智能移动终端	光学微投影、微显示、光学自动变焦
光传感	红外传感器、光纤传感器、光谱分析仪器、光编码器等
微光学元件	衍射光栅、衍射光学透镜、自适应光学器件、微型原子腔、近场光学器件、光电子集成器件、纳米光子学器件等
光学加工制造	无掩膜光刻、压印/模压制造、光学封装等

2.3.1 相关分类

光学 MEMS 器件是集成制造的微型光学元件与 MEMS 执行器，其光学原理分为反射、干涉、衍射、透射、遮挡等几种，以反射型器件为主。光学 MEMS 器件中制造的微型光学元件包括微反射镜、微透镜、微棱镜、光栅、衍射光学元件、FP 干涉仪等。光学 MEMS 器件中的 MEMS 执行器的驱动方式有静电驱动（平板驱动器/平面梳齿驱动器/垂直梳齿驱动器）、电磁驱动器、压电驱动器和电热驱动器等；其运动方式有离面垂直运动、面内平动、扭转运动、谐振等。目前光学 MEMS 传感器可以分为 3 类：MEMS 光开关、可调式光衰减器（VOA）和 MEMS 微镜。

1. MEMS 光开关

MEMS 光开关在光通信中起到光路切换、光路保护等作用，广泛用于光纤线路的监测、光器件测试系统。MEMS 光开关的基本原理是采用光学微镜或光学微镜阵列改变光束的传播方向实现光路的切换，已发展出了很多新颖的 MEMS 光开关结构。采用 MEMS 技术制作的光开关是将机械结构、微触动器和微光元件在同一衬底上集成，结构紧凑、重量轻，易于扩展。它比机械式光开关和波导型光开关具有更好的性能，如低插损、小串音、高消光比、重复性好、响应速度适中，与波长、偏振、速率及调制方式无关，寿命长，可靠性高，并可扩展成大规模光交叉连接开关矩阵。

MEMS 光开关有二维数字和三维模拟两种结构。在二维数字结构中，所有微反射镜和输入输出光纤位于同一平面上，通过静电致动器使微镜直立和倒下或使微镜以"跷跷板"的方式处于光路和弹出光路的工作方式来实现"开"和"关"的功能。二维数字结构的优点是控制简单，缺点是由于受光程和微镜面积的限制，交换端口数不能做得很大。在三维模拟结构中，所有微反射镜处于相向的两个平面上，通过改变每个微镜的不同位置来实现光路的切换。与二维数字结构相反，三维模拟结构的优点是交换端口数可以做得很大，可具有上千端口数的交换能力，缺点是控制机理和驱动结构相当复杂，控制部分的成本较高。

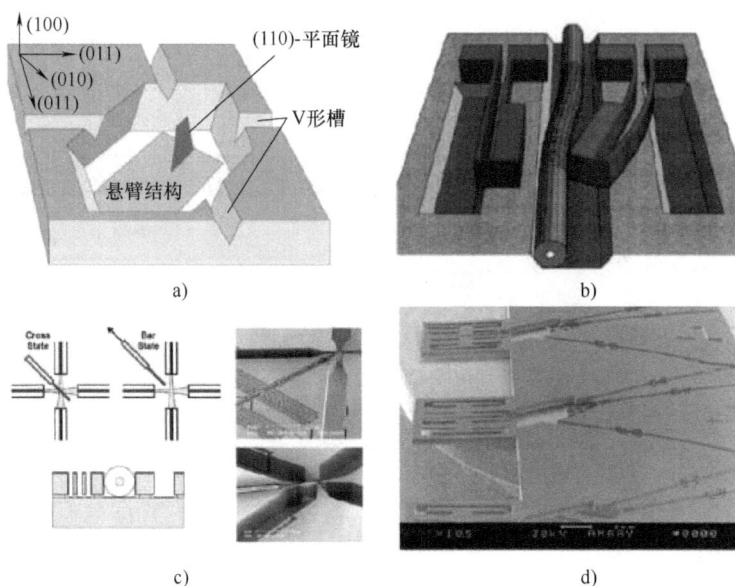

不同类型 MEMS 光开关结构

　　MEMS 光开关的优势体现在性能、功能、规模、可靠性和成本等几个方面。在关键的性能指标如插入损耗、波长平坦度、PDL（偏振相关损耗）和串扰等方面，MEMS 技术能达到的性能可与其他技术所能达到的最高性能相比。在成本方面，MEMS 光开关为降低系统成本提供了多种可能，MEMS 芯片的功能度使得更低成本的网络设置和架构以及光纤层的保护成为可能。MEMS 尺寸小和功耗低的特性使得系统的外形可以缩小，节省了中继器和终端节点占用的空间。MEMS 器件的单批产量很高，经济性好，而且器件与器件之间重复性好。此外，执行器可与光器件集成到单个芯片上，可以在一个硅片上重复多次，从而能提供价格更低的光器件。这些在成本方面的下降将使器件价格下降，最终降低设备和营运成本。

　　2. 可调式光衰减器（VOA）

　　光衰减器是光纤通信中使用最广泛的光器件之一，其功能是完成对光信号功率的控制。MEMS 可调光衰减器具有能够实现快速电响应、动态可调谐、体积小、成本低等优点，是目前应用量最大的光学 MEMS 器件。

　　MEMS VOA 有反射式 VOA 和衍射式 VOA。

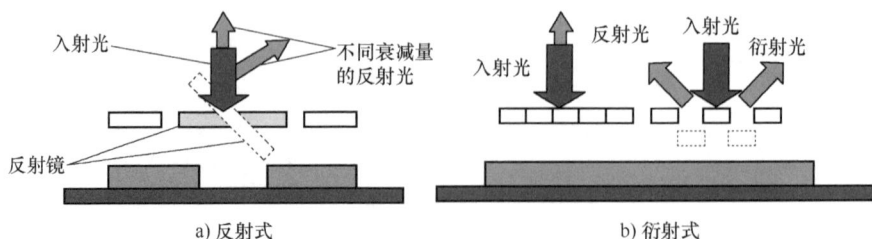

a) 反射式　　　　　　b) 衍射式

MEMSVOA 工作原理

- **反射式 VOA**

其原理是在硅基上制作一块微反射镜。以 unblocking 型 VOA 为例。光经过双光纤准直器的一端进入，以一定角度入射到微反射镜上，当施加电压时，微反射镜在静电作用下扭转，倾角改变，入射光的入射角度发生改变，光反射后能量不能完全耦合进双芯准直器的另一端，从而达到调节光强的目的；而未加电压时，微反射镜呈水平状态，光反射后能量完全耦合进双芯准直器的另一端。

- **衍射式 VOA**

衍射式 VOA 是基于动态衍射光栅技术，采用 MEMS 平移执行器控制光学衍射元件（如光栅）的相位，改变光衍射效率，实现对光信号功率的控制。这种动态衍射光栅由平行微栅条阵列构成，微栅条上表面镀以 $200 \sim 300$ nm 厚的铝膜，起电极和反射光的双重作用，下表面是特殊设计的由 Si_3N_4 和 SiO_2 膜形成的双簧结构以提供弹性力，其下刻蚀的空气隙厚度与所要应用的光谱波段相关。当施加电压时，在静电力的作用下相间隔的光栅条位置向下移动以产生衍射光栅效应。通过调节电压来控制一级衍射光从而达到对光信号衰减量进行调节的目的。这种动态衍射光栅首先在成像及显示技术中得到应用，它在性能上具有响应速度快、衰减控制精度高、消光系数大、抗疲劳磨损等特点，能被用于制作许多其他光通信器件的核心部件，如光开关阵列等。

MEMS VOA 已经很成熟了，并已大量生产和规模化应用，但因为成品率的问题，在价格方面也面临着挑战。另外，由于是微机电部件，可靠性相对来说还不够理想。

3. MEMS 微镜

MEMS 微镜是指采用光学 MEMS 技术制造的，把微光反射镜与 MEMS 驱动器集成在一起的光学 MEMS 器件。MEMS 微镜的运动方式包括平动和扭转两种机械运动。对于扭转 MEMS 微镜，当其光学偏转角度较大（达到 10°以上），主要功能是实现激光的指向偏转、图形化扫描、图像扫描时，可被称为 "MEMS 扫描镜"，以区别于较小偏转角度的扭转 MEMS 微镜。

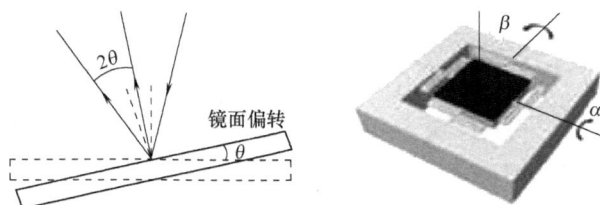

MEMS 微镜示意图

MEMS 扫描镜是激光应用必不可少的关键元器件，主要应用领域有三个方面：激光扫描、光通信、数字显示。MEMS 扫描镜主要可用在激光雷达、3D 摄像头、条形码扫描、激光打印机、医疗成像上；光通信方面主要指光分插复用器、光衰减器、光开关、光栅等的应用；数字显示方面指高清电视、激光微投影、数字影院、汽车抬头显示（HUD）、激光键盘、增强现实（AR）等的应用。

MEMS 微镜按原理区分，主要有静电驱动、电磁驱动、电热驱动、压电驱动四种。

- **静电驱动**

静电驱动是利用电荷间的库仑力作为驱动力进行驱动的技术。通过静电作用使可以活动的微镜面转动，从而改变光路。虽然驱动力较其他原理的器件偏小，但工艺兼容性较好，可以使用体硅和表面硅机械加工工艺制作，便于实现集成。

- **电磁驱动**

电磁驱动为电流驱动，驱动电压低，无须升压芯片。此外，电磁驱动

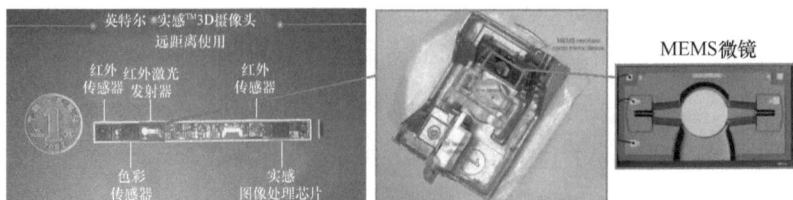

a) 3D摄像头

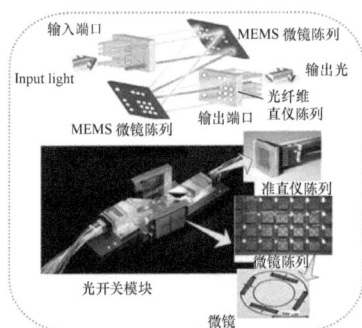

b) 光学通信

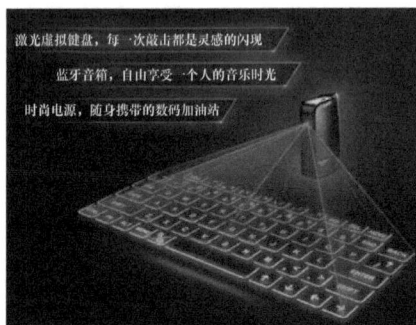

c) 激光虚拟键盘

MEMS 微镜典型应用

具有扭转角度大、可以实现电流型线性驱动的技术优势。但总体来说，与静电驱动扫描镜比较，电磁驱动扫描镜的驱动功耗相对较高，还需要配置永磁铁，模块尺寸相对较大。

就工作原理而言，在镜面背后放置 4 个线圈，线圈距离磁铁有一定的距离。如下图中，线圈对应磁铁 A、B、C、D 的 4 个位置，当给 A、C 线圈施加电流时，产生相位相差 90° 的交流激励信号，线圈产生的磁场的极性恰好相反且交替变化。线圈产生的磁场与磁铁相互作用，产生方向相反

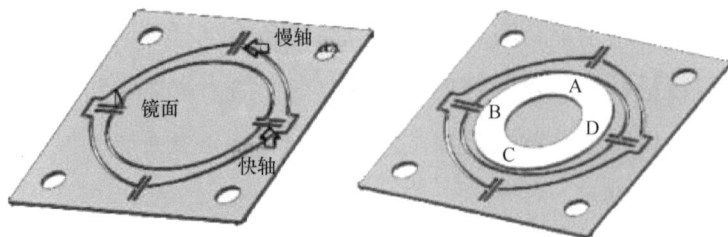

二维电磁驱动 MEMS 微镜示意图

的转矩，镜面以 B、D 线圈所在轴发生扭转。同理，如果给 B、D 线圈施加电流，也会出现同样效果，这就是二维微镜的工作原理。

- **电热驱动**

电热驱动是利用材料对温度的敏感而产生不同的形变量，从而引起镜面的扭转。可以采用两个相同材料的膨胀臂，有 V 形结构、U 形结构、Z 形结构等；也可以采用双材料结构，利用不同材料的热膨胀系数的差异，在温度变化时产生不同的形变，从而驱动镜面扭转。

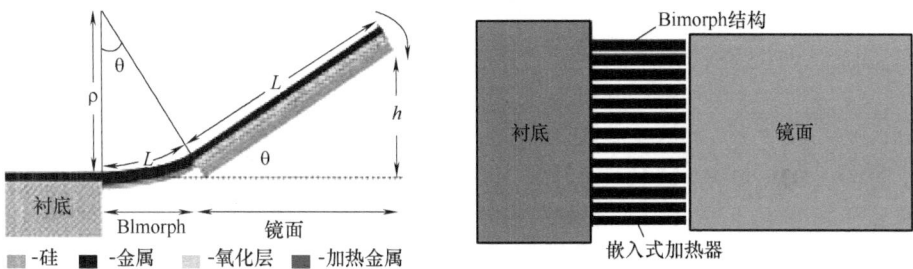

MEMS 电热驱动微镜原理图（微奥科技）

- **压电驱动**

压电驱动是指利用材料的逆压电效应，通过外界电场来产生微位移。其主要有两种实现方式：一种是多层相同的压电体叠加的纯压电变形产生大位移；另一种是双压电晶片驱动。但目前暂未看到商业化应用的压电驱动 MEMS 微镜问世。

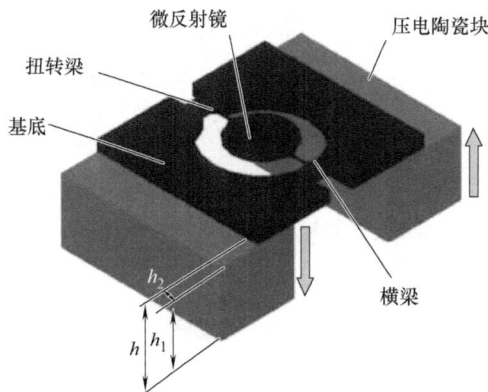

压电驱动 MEMS 微镜原理图（苏州纳米）

下表是四种原理的 MEMS 微镜性能比较。

四种原理的 MEMS 微镜性能比较

驱动方式	驱 动 原 理	驱动电压	驱动力	谐振频率	扫描范围	功耗
静电	平板电容或梳齿电容，产生静电驱动力	高	小	高	小	低
电磁	磁性薄膜或者永磁体与驱动电流产生电磁驱动力	低	大	高	大	低
电热	加热驱动结构产生热膨胀差异，结构变形产生驱动力	低	中	低	大	中
压电	压电材料在逆压电效应下发生形变产生驱动力	高	大	高	小	低

2.3.2 发展及现状

光学 MEMS 技术在 20 世纪 80 年代起步，至今发展已经有 30 多年的历史。光学 MEMS 应用与市场目前还只是"冰山露出一角"，处于发展的早期阶段。光学 MEMS 在 20 世纪 90 年代后期经历了大规模的商业化努力，向宽带光纤通信中广为看好的信道开关市场发展。同时，光学 MEMS 在提高当代 MEMS 执行器的技术发展水平方面起到了重要作用。

1. 光学 MEMS 开启"动态"光学新型技术方向

传统光学技术实现运动、可调谐需要采用笨重、高能耗、低速且昂贵的精密机械装置，因而将光学束缚为"静态"，也就是说传统光学是"静态"光学技术。光学 MEMS 将 MEMS 执行器与微光学元件集成制造，产生了革命性的"动态"光学。通俗地说，光学 MEMS 技术让光学元件踏上了"风火轮"，使传统光学提升到"动态光学"的高度，开启了"可重构"、"参数可调谐"的智能光学系统的新技术方向。光学 MEMS 给光学技术注入"运动"元素，将实现光学技术"质"的飞跃，进入"动态"、智能光学的新境界。

2. 光学 MEMS 开创光学传感技术的新方向——MEMS 光传感器

光学传感技术是光学技术、光电技术的重要技术领域，传统光学传感技术主要是基于光电探测技术，可以实现的光传感器种类有限。通过引入

MEMS 敏感结构/驱动器，将 MEMS 敏感/驱动技术与光电技术结合，产生光学传感技术的新方向——MEMS 光传感器，新颖的传感器包括 MEMS 激光雷达（LiDAR）、3D 深度传感器、3D 扫描仪、微型光谱仪、IR 传感器、红外图像传感器（热像仪）、MEMS 光声气体传感器。MEMS 敏感器与光纤传感技术的结合，还生成了光纤传感的新方向—MEMS 光纤传感器，如 MEMS 光纤加速度计、MEMS 光纤压力传感器、MEMS 光纤位移传感器、MEMS 光纤挠度计、MEMS 光纤声/超声传感器、MEMS 光纤水听器、MEMS 光纤磁传感器等。

- **MEMS 光开关**

MEMS 开关驱动方法主要包括：静电和磁感应法。静电法依赖于电荷极性相反的机械元素之间的相互吸引，这是 MEMS 技术中使用的主要的驱动方法，它具有可重复性和容易屏蔽等优点。磁感应驱动依赖于磁体或者电磁体之间的相互吸引。尽管磁感应驱动能够产生更大的驱动力并具有较高的线性度，但由于磁感应应用中还有许多问题有待于解决，所以目前静电驱动方案仍然是可靠设备的最佳选择。

目前拥有 MEMS 技术设备并能提供相关光器件的公司主要有 JDSU、Santec、Memscap、Intpax、Umachines 等。

- **可调式光衰减器**

可以大批量生产 MEMS VOA 的厂商主要有 Lightconnect（已被 Neophotonics 收购）、JDSU（现已拆分为二）、Oplink、Avanex、Santec、Lightwave2020 等。在国内，高意光通讯有限公司已经具备了批量生产 MEMS-VOA 的能力，并且具有激光焊接和全胶的技术平台。其主要的产品包括单个 VOA 器件、4 通道和 8 通道 VOA 模块。此外，还有海宁华平光电、广州永大通信和广州银讯光电三家公司。国内比较完整的 MEMS 工艺线有两条，分别属于中国科学研究院上海微系统与信息技术研究所和北京大学微电子中心，海宁华平光电就是在这两条国内工艺线上进行流片，推出完全国产化的 MEMS VOA 系列产品。前述三家公司，均有 MEMS VOA 封装能力，而国内一些其他公司，在其模块或者子系统中有大量的 MEMS VOA 需求，或者直接购买封装好的器件，但是为了提升利润空间，均倾向于购买

MEMS 芯片来自行封装，如武汉光讯科技、福州高意科技等公司。

- **MEMS 微镜**

TI 公司 DMD 投影显示是 MEMS 最成功的商业应用，除图像投影市场外，TI 公司近年来也积极开拓 DMD 在 3D 扫描仪、微小型光谱仪、无掩膜光刻等应用市场。美国 Microvision 公司推出的激光微投影（PicoProjector）是基于单激光扫描镜的投影技术，具有高清、小体积、低成本的巨大优势，将在汽车激光抬头显示（HUD）、智能激光车头灯、AR/MR 智能眼镜等应用中具有良好的市场前景。MEMS 在平板显示领域也取得了很大的技术发展，夏普与高通子公司合作开发出了 MEMS 快门型平板显示器具有很高的光效率；高通收购的 IridigmDisplay 公司研发出了光干涉调制（iMoD）平板显示器无须背光源，具有极低功耗、双稳态、响应速度快等优点，具有良好的市场前景。

总而言之光学 MEMS 的技术优势，使得光学 MEMS 在智能光通信器件、MEMS 激光元器件、MEMS 光显示、MEMS 光传感、MEMS 摄像头等应用中具有"不可替代性"，具有巨大的市场前景，可以到达百亿美元级的市场规模。我国早在 2000 年就在国家 973 计划的支持下开展了光学 MEMS 技术的工作。中国科学研究院上海微系统与信息技术研究所作为国内最早、最强的 MEMS 技术研究机构，一直致力于光学 MEMS 技术的研究，长期在国内处于领先地位，并在近几年启动了光学 MEMS 的产业化工作。国内开展相关研究的机构和高校还有中国电子科技集团公司第十三研究所、清华大学、北京大学、上海交通大学等。在光学 MEMS 产业方面在我国尚处于起步阶段。

2.3.3 热点与挑战

过去几年中开发了大量光学 MEMS 器件，仅有为数不多的器件实现了批量生产。从目前的光学 MEMS 技术的研究现状来看，未来一段时间内光学 MEMS 技术的研究发展趋势可能体现在以下三个方面：

1）理论探索和研究。主要包括多学科交叉理论和方法研究以及光学 MEMS 的 CAD 计算机辅助设计工具的研究和对光学 MEMS 的机械、电子、光学各方面的综合仿真软件的开发。

目前光学 MEMS 研究主要还是依赖经验，而相应的系统理论和研究方法的指导比较少，因此交叉耦合理论的研究，特别是微系统机、电、光等的耦合理论研究显得非常迫切。相对微电子领域而言，包括光学 MEMS 在内的微系统的开发严重缺乏建模和仿真工具，而 CAD 工具可以减少光学 MEMS 研发过程中的资源浪费，并且可以方便快捷地洞悉其复杂的物理过程。

2）光学微机械以及基于纳米结构的自适应光学装置的设计和实现以及智能光学 MEMS 的设计和实现等新结构、新系统的研制。

微工艺目前已经由毫米量级发展到微米量级。而纳米技术则可以使加工进入亚微米甚至分子的量级，将来还有可能在原子量级加工机械结构。智能光学 MEMS 的设计和实现，需要研制包括低能耗、大应变量、高稳定性和长寿命的致动器材料；耐高温、低成本、易与基体材料融合的光传感器；可植入基体材料中的高性能微电子器件；新的结构控制技术及智能 MEMS/光学 MEMS 的设计、制造技术等。

同时，还面临着在微机械部件上制备抛光平滑镜面的困难。光学 MEMS 器件也面临来自固态和光电器件的竞争。

3）光学 MEMS 应用的开发以实现光学 MEMS 对光谱、偏振和光空间属性的操作和控制而衍生的更多更广的功能性开发和光学 MEMS 与传统物理光学系统相结合的研究和开发。

实现光学 MEMS 对光谱、偏振和光空间属性的操作和控制而衍生的更多、更广的功能性开发。如将微光学元件或光学 MEMS 用于武器制导、瞄准的安全性与可靠性的提高；用于敌我识别系统；以及用于分布式无人值守环境检测、监督及信号处理系统等。同时，目前的光学 MEMS 多为二维系统，而传统的物理光学系统多是三维的，两者存在较大差异，将它们结合起来可使光学 MEMS 的应用具有更大的空间。光学 MEMS 有其迅速发展壮大的潜力和广阔的应用前景，但也正是由于其自身的一些特点，光学 MEMS 技术的进一步发展也面临着一些困难和挑战，主要体现在以下几个方面：

① 光学 MEMS 研究中存在对经验的过多依赖，仍需反复摸索。

② 微工艺和封装方面面临的困难。

很多光学 MEMS 都需要复杂的微工艺过程来加工，而微工艺水平直接决定批量生产的成本和成品率。现有的工艺水平离实际的应用需求还有一定的距离，如叠层多晶硅工艺，在保证一定成品率的情况下，目前国内的水平只能到 2～3 层，国外也只能做到 5 层。另外，众所周知，IC 和 MEMS 器件的封装成本比较高，而光学 MEMS 器件的封装难度更大，封装成本更高。

③ 在系统级性能测试方面面临的困难。由于光学 MEMS 技术比较新，目前还很少有与之配套的系统级性能测试仪器和设备，因此往往是测试困难而且效率低，性能评定标准也很难一致。

光学 MEMS 技术的发展趋势是 MEMS 光通信器件基础上，向 MEMS 激光元器件、MEMS 光显示、MEMS 光传感、MEMS 摄像头等更广阔的领域发展。未来，随着国内 MEMS 技术与产业的迅猛发展和日趋完善，光学 MEMS 技术也将步入快速发展通道，催生出一个高速成长的光学 MEMS 产业，将诞生数家专注于光学 MEMS 技术的高技术公司，并快速成长壮大。

2.4 射频 MEMS 技术

射频 MEMS（RF MEMS）是指利用 MEMS/NEMS 技术微纳精细制造实现的射频微波结构、器件、单片集成子系统等。它具有小型化、低功耗、低成本、集成化等方面的优势，逐渐广泛应用于军民各领域，包括个人通信，如移动电话、PDA（Personal Digital Assistant）、便携式计算机的数据交换；车载、机载、船载收发机和卫星通信终端、GPS 接收机等；信息化作战指挥、战场通信、微型化卫星通信系统、相控阵雷达等。下图为 RF MEMS 应用领域示意图。目前最熟悉的应用就是无线通信领域，诸如手机、无线接入、全球卫星定位系统和蓝牙技术，其中最成熟的 MEMS 器件当属开关。

RF MEMS 是 MEMS 的一个重要的应用领域，全球 RF MEMS 市场正在经历着营收和出货量的双重增长。2016 年，RF MEMS 成熟市场占据了大部分的市场份额，预计未来几年新兴市场的复合年增长率将超过成熟市场。

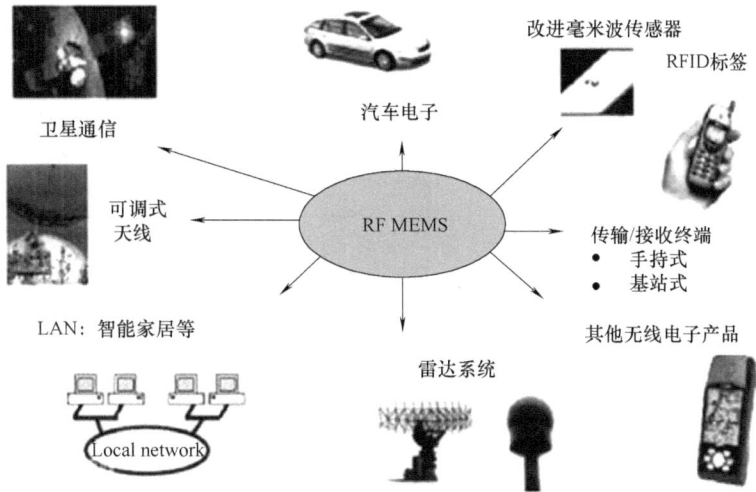

RF MEMS 应用领域示意图

未来，全球 RF MEMS 市场将获速增长，就营收而言，复合年增长率将达到 16.7%；就出货量而言，复合年增长率将达到 21%；就应用类型而言，移动终端将是市场龙头，这是因为 RF MEMS 已广泛应用于 3G、4G 和下一代 5G 移动设备，用于提升网络和数据传输性能。军用市场，也因小型化、智能化的发展趋势，对 RF MEMS 器件和子系统的需求量巨大。2017～2022 年 MEMS 市场增长预测（含 RF MEMS 未来趋势）如下图所示。

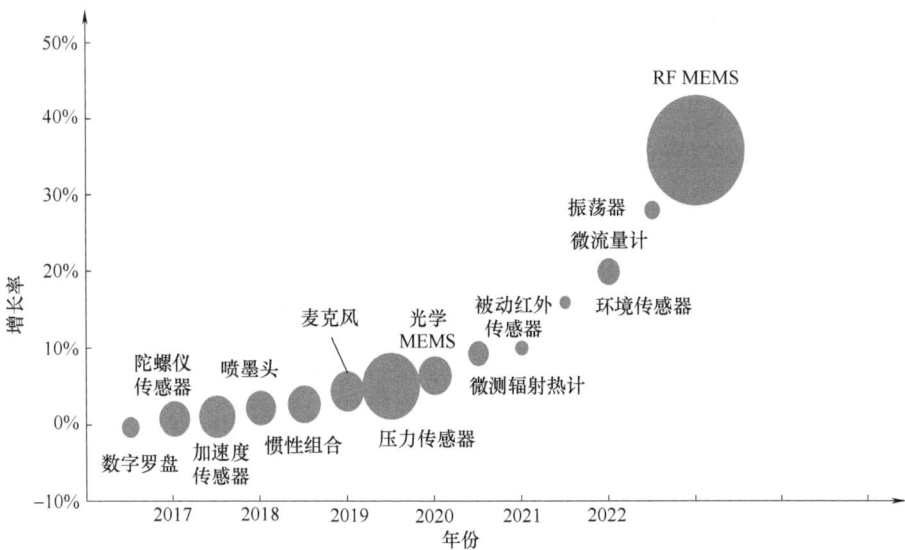

2017～2022 年 MEMS 市场增长预测

2.4.1 相关分类

RF MEMS 技术传统上分为固定的和可动的两类。固定的 RF MEMS 器件包括本体微机械加工传输线、滤波器和耦合器，可动的 RF MEMS 器件包括开关、调谐器和可变电容。按技术层面又分为由微机械开关、可变电容器和电感谐振器组成的基本器件层面；由移相器、滤波器和 VCO 等组成的组件层面；由单片接收机、变波束雷达、相控阵雷达天线组成的应用系统层面。按技术层面又分为由微机械开关、可变电容器和电感谐振器组成的基本器件层面；由移相器、滤波器和 VCO 等组成的组件层面；由单片接收机、变波束雷达、相控阵雷达天线组成的应用系统层面。

下面主要从器件层面介绍 RF MEMS，各类 RF MEMS 器件及其应用方向和优势特点见下表。

各类 RF MEMS 器件及其应用方向和优势特点

器件种类	应用方向	特点和优势
电容	VCO、可调滤波器、首发平台	IC 芯片上用，线性，高 Q 值，可调范围大，无功耗
电感	匹配网络、不平衡变换器、VCO	IC 芯片上用，线性，高 Q 值，可调范围大，无功耗
开关	波段切换开关、旁路开关、可重构天线、相控阵通信系统（地面、空间、机载）、相控阵雷达（地面、空间、机载、车载）、无线通信（便携、基站）、卫星（通信和雷达）、仪器	近零驱动功耗、低插损、线性（信号不失真），是解决 Ku 波段以上弹载相控阵功耗的最好手段
移相器	相控阵雷达、导弹寻的系统等	近零驱动功耗、低插损、降低系统功放的要求，是实现有无源集成设计的新型相控阵的最佳方式
谐振器	滤波器、收发带通滤波器、双工器、VCO 等	小尺寸，可集成在射频系统级芯片上
滤波器	代替微小型系统中的传统滤波器，应用于射频前端组件	微型化、可集成、无功耗
匹配网络	集成可重构射频前端	低损耗、低功率、高线性
天线	超低成本的轻型相控阵雷达、多波段相控阵天线、动态自适应天线、共形天线阵列	微型化、轻量化、可重构

1. 电容、电感基本器件单元

在 RF MEMS 器件单元中，电感和电容是重要的基本元器件，是各类部件的重要组成部分，影响着谐振电路、阻抗匹配网络、低噪声放大器、压控振荡器的性能。利用 MEMS 技术制作的电容、电感元件可以实现高 Q 值（100～400），而其更大的优势在于易集成和灵活性，适合现代射频微波领域对低损耗、小体积、低成本器件的要求。基于 MEMS 技术的可变电容、电感可以用于构建可重构滤波器、可重构网络等，对于实现可重构射频微波前端模块具有重要的意义。

RF MEMS 电容主要有平板结构和叉指结构，常见的驱动方式有静电驱动、压电驱动、电磁驱动、热驱动、压阻驱动，其中静电驱动工艺简单，是最常用的方式。RF MEMS 电感是实现滤波、调谐、放大、阻抗耦合、频率耦合的重要器件。Q 值是电感的一个极为重要的参数，高 Q 值的片上电感对于实现高性能的滤波、调谐、放大有着极为重要的意义。

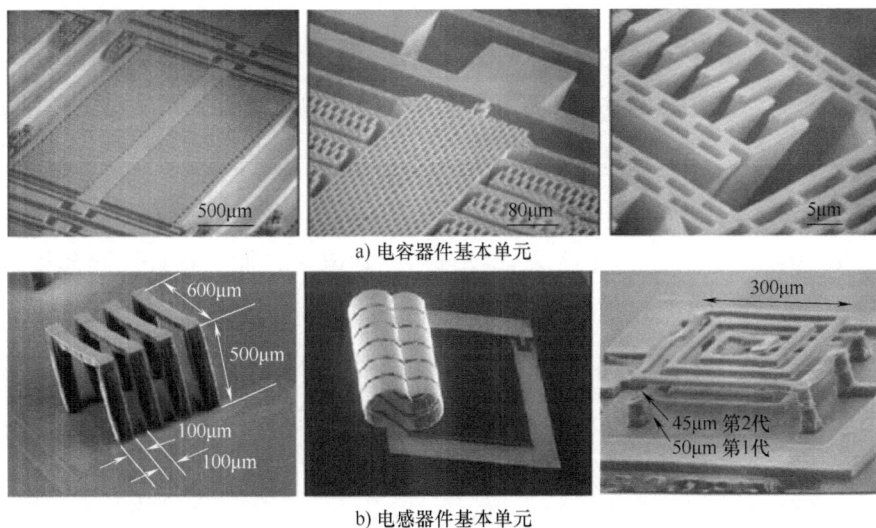

a) 电容器件基本单元

b) 电感器件基本单元

MEMS 电容和电感基本器件单元

2. 开关及衍生器件

RF MEMS 开关及衍生器件大量应用在射频微波单机和系统领域，其产品大量应用于 DARPA 和 NASA 主导的军事用途设备和系统中，以及智能手机、导航终端、物联网等。基于 RF MEMS 开关基本结构单元可以构建移相器、可调滤波器、可变波束天线等。下图为各类 RF MEMS 开关及衍生器件。

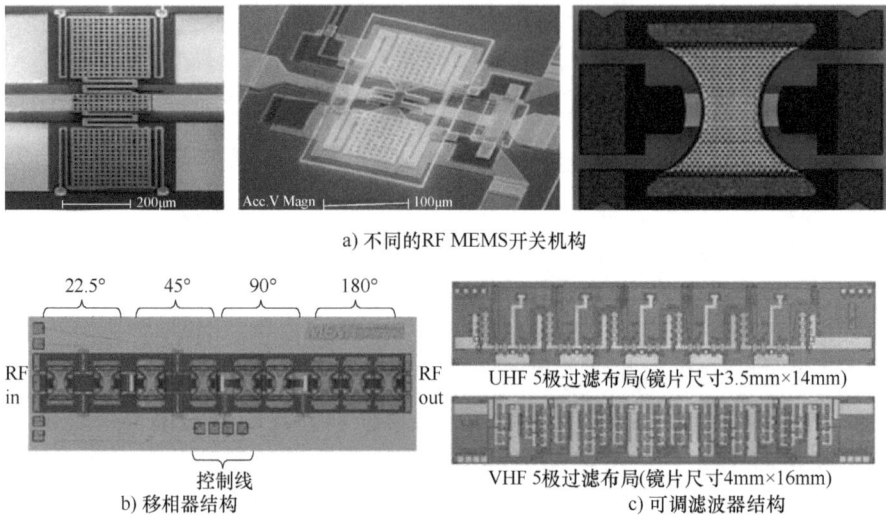

a) 不同的RF MEMS开关机构

b) 移相器结构

c) 可调滤波器结构

UHF 5极过滤布局(镜片尺寸3.5mm×14mm)

VHF 5极过滤布局(镜片尺寸4mm×16mm)

各类 RF MEMS 开关及衍生器件

RF MEMS 开关按照驱动方式不同，可以分为静电驱动开关、电磁驱动开关、热驱动开关、压电驱动开关等；按照电路结构，可以分为串联开关和并联开关；按照接触方式不同，可以分为接触式开关和电容式开关等。目前，研究较为深入、已经产品化的 RF MEMS 开关是静电驱动的串联接触式和并联电容式开关。

RF MEMS 开关的主要性能参数包括驱动电压、插入损耗、隔离度等，理想的开关具有极低驱动电压、零插入损耗、无限大的隔离度。

RF MEMS 开关及衍生器件和子系统的发展趋势：更高性能指标（高频带、低插损、高隔离度、低驱动电压）；更高可靠性、更长寿命；更简单的微纳工艺、更低的成本；更高灵活性和集成度。

3. 移相器

由于相控阵雷达、卫星通信等领域应用的需要，RF MEMS 移相器在国际上有着众多的研究者，工作频段从几吉赫兹到上百吉赫兹，采用的结构有 DMTL 型、开关线型和反射型。DMTL（Distributed MEMS Transmission Line）型移相器是在 CPW 传输线上周期性地加载一定电容比的并联 RF MEMS 开关，在中心信号线和桥之间加驱动电压，改变 CPW 传输线的负载电容，从而改变传输线的特征阻抗和传输系数实现移相。开关线型 MEMS 移相器是通过 RF MEMS 开关，选择不同的长度的信号路径实现相移。反射型 MEMS 移相器是通过 RF MEMS 开关改变 3dB 耦合器反射臂的电抗来实现相移。

4. 滤波器

滤波器是构建射频微波子系统最重要、用量最大的器件之一，也是研

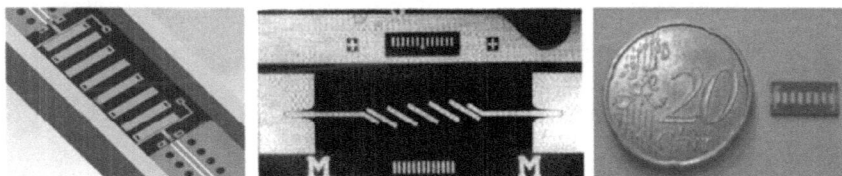

a) 微带线滤波器

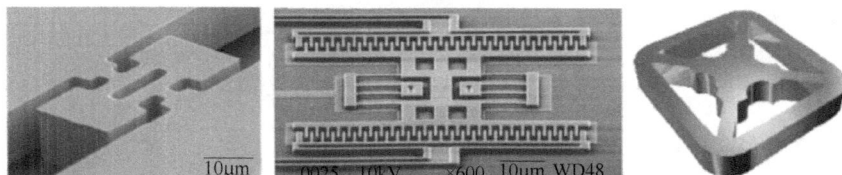

b) 机械谐振器

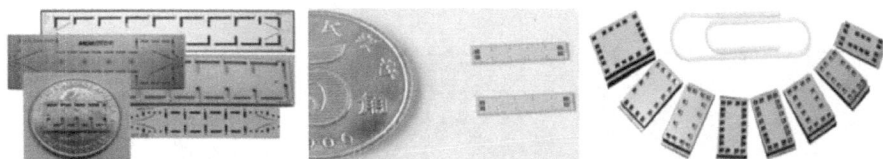

c) 熔融石英基高性能SIW滤波器、硅基SIW滤波器和腔体滤波器

d) 硅基 RF MEMS THz 滤波器

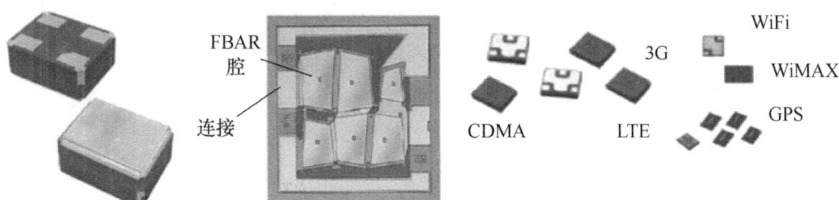

e) SAW 滤波器和 Avago 公司的 FBAR 滤波器

各类 RF MEMS 滤波器

究最广泛、成熟度最高的器件。RF MEMS 滤波器有微带线滤波器、带状线滤波器、硅基腔体滤波器、熔融石英 SIW 滤波器、SAW 滤波器、BAW 和 FBAR 滤波器等。

5. 微型同轴结构

基于 RF MEMS 技术的全金属微型同轴结构，可以构建多种高性能的射频微波器件和前端子系统，如功率调制器、耦合器、功分器、高性能滤波器、高功率天线阵列等。该类器件性能指标可以达到很高，但所需的 MEMS 工艺也很复杂，难度很大，成本较高，主要应用于军事领域的高性能雷达子系统、导引头、电子对抗等。

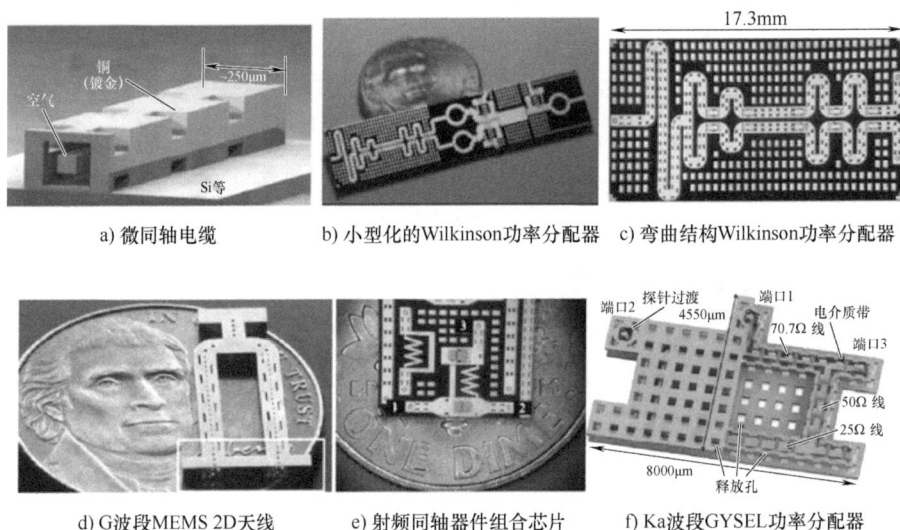

a) 微同轴电缆　　b) 小型化的Wilkinson功率分配器　　c) 弯曲结构Wilkinson功率分配器

d) G波段MEMS 2D天线　　e) 射频同轴器件组合芯片　　f) Ka波段GYSEL功率分配器

国际先进水平 RF MEMS 微型同轴结构

RF MEMS 微型同轴结构的发展趋势，主要是突破复杂的加工工艺，降低制造成本，提高成品率，追求更高的单片集成度。

6. 微型天线

用 MEMS 技术可以构建超低成本的轻型相控阵雷达、多波段相控阵天线、动态自适应天线、共形天线阵列等，它们具有微型化、轻量化、可重构等特点和优势。

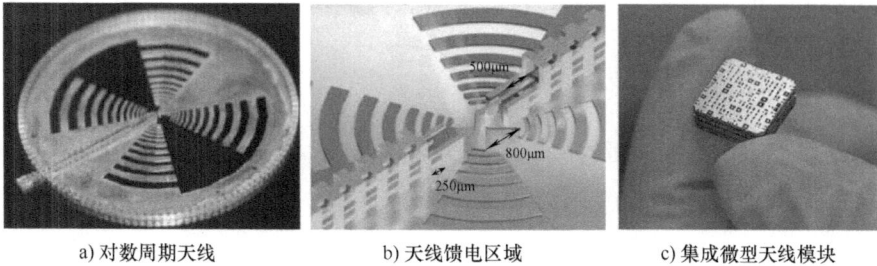

a) 对数周期天线　　　　　b) 天线馈电区域　　　　　c) 集成微型天线模块

RF MEMS 微型天线

2.4.2　发展及现状

MEMS 技术一出现，就显现出强大的生命力。20 世纪 80 年代初已应用于微型麦克风，80 年代中期应用于微型机械传感器，进入 90 年代 MEMS 技术开始飞速发展，特别是微波、毫米波领域，已经出现了一大批 RF MEMS 器件、组件甚至系统。RF MEMS 已经成为 MEMS 系统中的重要分支。RF MEMS 器件始于 1990 ~ 1991 年，美国加利福尼亚州休斯研究实验室的 LarryLarson 博士开发了第一个专门为 RF 应用的 MEMS 开关。随后，全世界许多研究人员对 RF MEMS 开关给予很多关注。

目前，RF MEMS 领域的技术引领者主要是美国、日本及欧洲一些高科技企业，主要有 HRLLaboratories、LLC、Royal Society of Chemistry、Texas Instruments、University of Michigan-AnnArbor、UCBerkeley、MIT Lincoln、Analog Devices 等，主要供货商包括 Avago、Infineon、Radent MEMS、XCOM Wireless、Panasonic MEW、Delf MEMS、OMRON 等。在日本，欧姆龙公司率先开发上市了 MEMS 开关产品，随后日本村田制作所、松下网络开发本部及日本三菱电机公司都相继开发了高频 RF MEMS 的开关。我国在 MEMS 方面也进行了大量的工作，对悬臂式 RF MEMS 开关进行了设计和研制。对 RF MEMS 开关驱动电压进行了分析和研究。国内对 RF MEMS 的主要研究机构有清华大学、北京大学、中国电子科技集团公司第十三研究所及美泰科技公司、中国电子科技集团第五十五研究所、中国科学院上海微系统所、微电子所、电子所等。已经实现较好实际应用的主要是中国电子科技集团公司第十三研究所和中国电子科技集团公司第五十五研究所的滤波器产品。

2.4.3 热点与挑战

结合对 RF MEMS 领域市场状态、发展情况、成熟产品、各类新型器件和微型片上系统的研究现状及技术现状等的论述和分析，其研究热点与挑战如下：

1）进一步提高性能指标、可靠性和寿命等，例如频带和带宽（THz）、插入损耗、隔离度、耐受功率容量、开关次数及寿命等。

2）进一步缩小体积、减轻重量、降低成本，例如优化单步微纳加工工艺和工艺集成创新，实现标准化工艺、大尺寸晶圆级加工和晶圆级封装，以及后端工艺和测试检验的智能自动化等。

3）采用新材料、新工艺、新原理、新结构满足未来射频微波系统的更高需求，例如熔融石英材料的超低损耗正切角值和极小温度系数可帮助实现超高性能的滤波器，基于 AlN 材料的特定微纳工艺实现的 FBAR 滤波器可以达到超高性能指标和超小体积，采用易于 MEMS 工艺实现的 SIW、腔体、微型同轴等结构形式制造片上集成射频前端子系统等。

4）集成化程度进一步提高，例如各类无源器件（低损微型传输线、滤波器、移相器、功分器、耦合器、阻抗匹配网络、天线等）的单片集成，无源器件与射频微波前段有源低噪声放大芯片的异质集成等。

5）设计模式和途径手段进一步丰富和智能化，提升效率，缩短市场响应时间，例如 IP 模型库进一步标准化和多量化，精确全波仿真分析等，各类不同设计分析手段的无缝协同大大提升效率。

6）MEMS 专业与射频微波专业的深度融合，用 MEMS 技术创新性解决射频微波领域的瓶颈问题，提升产品性能指标，满足市场新需求，例如基于 MEMS 技术开发更多新类型射频器件，利用 MEMS 工艺微纳精细加工实现射频微波毫米波太赫兹单片子系统等。

总之，RF MEMS 器件的发展趋势是更高的单片集成度，与其他射频前端器件模块集成一起，实现更多复杂功能。

第 3 章
悄然改变生活的 MEMS

MEMS 技术正在全方位地改变我们的生产和生活，它是全球个人娱乐产业的支撑，是汽车巨头雄霸市场的撒手铜，是全球工业 4.0 背后的隐形功臣，是智慧医疗不眠的守护神，更是各国之间航空航天角力的硬科技。

3.1　全球个人娱乐产业的支撑

如果有人问，智能手机为什么能快速替代传统手机？答案肯定很多，但有一个原因非常关键，那就是智能手机的用户体验要远胜于传统手机，这也是诺基亚无可奈何花落去的必然。而这种远胜的用户体检，相当一部分来自于 MEMS 技术在手机中的广泛且深度的应用。

MEMS 传感器在个人娱乐领域的应用包括运动/坠落检测、导航数据补偿、游戏/人机界面、电源管理、GPS 增强/盲区消除、速度/距离计数等，这些技术在很大程度上提升了用户体验。

相应地，随着消费电子领域大发展及产品创新不断涌现，特别是受益于智能手机和平板电脑的快速发展，消费电子已经取代汽车领域成为 MEMS 最大的应用市场。其中手机和平板电脑中的 MEMS 传感器几乎占了消费类电子 MEMS 传感器类市场的 90%。

3.1.1　手机

手机是 MEMS 在消费类产品中最大的应用领域。

手机应用包含 MEMS 麦克风、3D 加速器、RF 被动与主动组件、相机稳定与 GPS 的陀螺仪、小型燃料电池与生化芯片等，应用最多的传感器是加速传感器、陀螺仪与 MEMS 麦克风，其中加速度传感器是该市场中的第一大应用产品。而近期陀螺仪应用增长迅速，已经成为继加速度传感器后的第二大应用产品。

美国苹果公司于 2007 年首度将 MEMS 加速度传感器应用在 iPhone 中，开启了手机产业的传感器革命。iPhone6 Plus 使用了加速度传感器、陀螺仪、电子罗盘、气压计、指纹传感器、接近与环境光传感器、MEMS 麦克风和 Image Sensor 等 MEMS 传感器。截至目前，苹果公司已拥有超过 350 项与传感器相关的发明专利，而申请内容包括触控、影像、运动、振动感测、数据运算、掉落感知及亮度感知等。

手机中用到的各种传感器如下图所示。

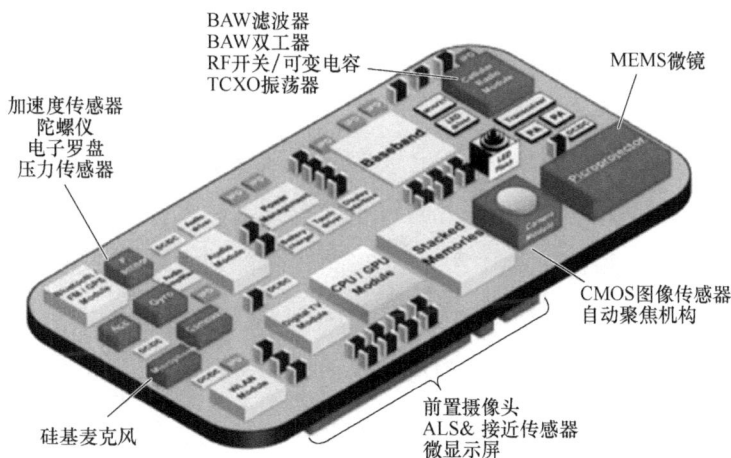

苹果手机中传感器示意

1. 光线传感器

原理：光电晶体管，接收外界光线时，会产生强弱不等的电流，从而感知环境光亮度。

用途：通常用于调节屏幕自动背光的亮度。根据环境光线明暗来判断用户的使用条件，从而对手机屏幕亮度进行智能调节，达到节能和方便用户使用的目的。

此外，还可以给手机设计利用光线亮度控制铃声音量的功能，即通过外界光线的强弱控制铃声的大小，如手机装在衣服口袋或是皮包里时，就大声振铃，而取出时，环境光线改变了，振铃就随之减小。该功能一方面可以避免铃声过小漏接电话，一方面又可以适应环境的需要，避免影响他人，同时还能节省电量。

2. 距离传感器

原理：距离传感器是利用"飞行时间法"的原理实现测距的一种传感器。"飞行时间法"是通过发射特别短的光脉冲，并测量此光脉冲从发射到被物体反射回来的时间，来计算与物体之间的距离。红外 LED 发射红外线，被近距离物体反射后，红外探测器通过接收到红外线强度，测定距离，一般有效距离在 10cm 内。距离传感器同时拥有发射和接收装置，一般体积较大。

用途：检测手机是否贴在耳朵上正在打电话，以便自动熄灭屏幕达到省电目的，也可用于皮套、口袋模式下自动实现解锁与锁屏。

3. 重力传感器

原理：重力传感器是根据压电效应的原理来工作的、所谓的压电效应就是对于不存在对称中心的异极晶体，加在其上的外力除了使晶体发生形变以外，还将改变晶体的极化状态，在晶体内部建立电场，这种由于机械力作用使介质发生极化的现象称为正压电效应。

重力传感器就是利用了其内部由于加速度造成的晶体变形这个特性。在传感器内部一块重物和压电片整合在一起，通过正交两个方向产生的电压大小，来计算水平方向。由于这个变形会产生电压，只要计算出产生电压和所施加加速度之间的关系，就可以将加速度转化成电压输出。当然，还有很多其他方法来制作重力传感器，比如电容效应、热气泡效应、光效应，但是其最基本的原理都是由于加速度产生某个介质产生变形，通过测量其变形量并用相关电路转化成电压输出。

用途：手机横竖屏智能切换、拍照照片朝向、重力感应类游戏（如滚钢珠）。

4. 加速度传感器

用途：游戏控制、图像自动翻转、计步、防手抖、手机摆放位置朝向角度检测。

5. 磁传感器

用途：指南针、地图导航方向、金属探测器 APP。

6. 陀螺仪

用途：体感、摇一摇（晃动手机实现一些功能）、平移/转动/移动手机可在游戏中控制视角、VR（虚拟现实）、在 GPS 没有信号时（如隧道中）根据物体运动状态实现惯性导航。

7. GPS

原理：地球特定轨道上运行着 24 颗 GPS 卫星，每一颗卫星都在时刻不停地向全世界传送自己的当前位置坐标及时间戳信息。手机 GPS 模块通过天线接收到这些信息。GPS 模块中的芯片根据高速运动的卫星瞬间位置作为已知的起算数据，根据卫星发射坐标的时间戳与接收时的时间差计算出卫星与手机的距离，再采用空间距离后方交会的方法，确定待测点的位置坐标。

用途：地图、导航、测速、测距。

8. 指纹传感器

指纹传感器是实现指纹自动采集的关键器件。指纹传感器按传感原理（即指纹成像原理和技术）可分为光学指纹传感器、半导体电容传感器、半导体热敏传感器、半导体压感传感器、超声波传感器和射频 RF 传感器等。目前的主流是半导体电容式指纹识别，但识别速度更快、识别率更高的超声波指纹识别将会逐渐普及。

光学指纹传感器原理：主要利用光的折射和反射原理，将光从底部射向三棱镜，并经棱镜射出，射出的光线在手指表面指纹凹凸不平的线纹上折射的角度及反射回去的光线明暗就会不同，这时 CMOS 或者 CCD 的光学器件就会收集到不同明暗程度的图片信息，从而完成指纹的采集。

半导体电容指纹传感器原理：在一块集成有成千上万半导体器件的"平板"上，手指贴在其上，构成电容的一极，另一极是硅晶片阵列。由于手指平面凸凹不平，凸点处和凹点处接触平板的实际距离大小不同，形成的电容/电感数值也就不一样，通过人体带有的微电场与电容传感器间形成微电流，指纹的波峰波谷与感应器之间的距离形成电容高低差，设备根据这个原理将采集到的不同数值汇总，从而描绘出指纹图像。

指纹识别器件类型

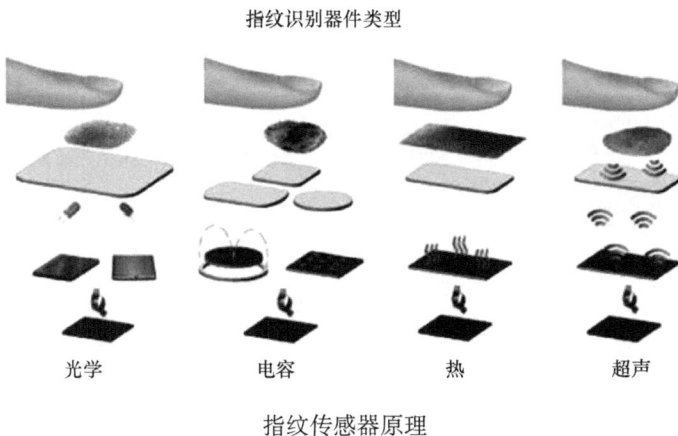

| 光学 | 电容 | 热 | 超声 |

指纹传感器原理

超声波指纹传感器原理：超声波指纹识别就是直接扫描并测绘指纹纹理。因此超声波获得的指纹是三维的，而电容指纹是二维的。超声波不仅识别速度更快，而且不受汗水油污的干扰、指纹细节更丰富难以破解。

用途：手机解锁、信息保护、在线识别、移动支付等。

9. 霍尔感应器

用途：翻盖/滑盖自动解锁、合盖自动锁屏、锁定键盘及解除键盘锁、实现皮套功能等。

10. 气压传感器

原理：气压传感器是用于测量气体的绝对压强的仪器，分为变容式或变阻式气压传感器。其是将薄膜与变阻器或电容连接起来，气压变化导致电阻或电容的数值发生变化，从而获得气压数据。

用途：海拔计算/误差修正、配合 GPS 实现三维定位。

11. 心率传感器

原理：用高亮度 LED 光源照射手指，当心脏将新鲜的血液压入毛细血管时，亮度（红色的深度）呈现如波浪般的周期性变化，通过摄像头快速捕捉这一有规律变化的间隔，再通过手机内应用换算，从而判断出心脏的收缩频率。

用途：运动、健康监测。

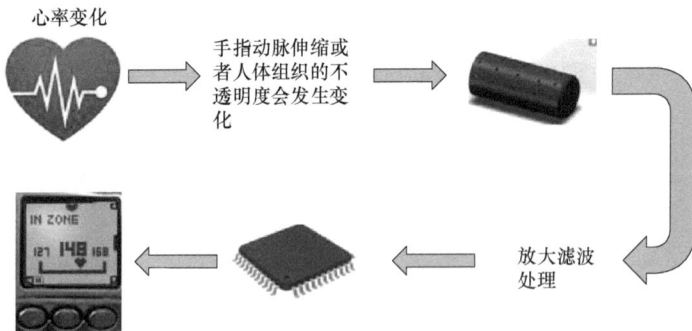

心率传感器功能示意

12. 血氧传感器

原理：血氧传感器是用于感知血液中氧分压并转换成可用输出信号的

仪器。血液中血红蛋白和氧合血红蛋白对红外光和红光的吸收比率不同，用红外光和红色可见光同时照射手指，通过测量反射光的吸收光谱，就可以测量血氧含量。血氧传感器均由发光器件和接收器件组成。其中，发光器件是由波长为 660nm 或 650nm 的红色可见光发光管和波长为 940nm 或 910nm 的红外光发射管组成。光敏接收器件大都采用接收面积大、灵敏度高、暗电流小、噪声低的 PIN 型光电二极管，由它将接收到的入射光信号转换成电信号。

用途：运动检测、健康检测。

13. 紫外线传感器

原理：利用某些半导体、金属或金属化合物等光敏元件的光电发射效应，通过光伏模式和光导模式在紫外线照射下释放出的大量电子，将紫外线信号转换为可测量的电信号，检测这种放电效应便可计算出紫外线的强度。

用途：为健康和健身方面的应用提供环境光和红外（IR）接近感测功能。

综上所述，前 7 个传感器，几乎是每个智能手机的标配；第 8 个传感器（即指纹识别传感器），归功于移动支付时代的到来，安全与便捷性要求的提高，现在有全面普及的趋势，第 9 个传感器，官方配有皮套的手机或平板电脑一般都支持。最后 4 个传感器比较少见，主要针对户外、运动、健康一类的特殊用户群体，多见于高端手机，以及智能手表、手环一类的产品。

3.1.2　可穿戴设备

可穿戴设备是目前最热门的新兴产品，其所使用的感测组件，无论在尺寸、耗电量、感测灵敏度或是组件可靠度上，通常皆须面对更严苛的要求。最成功的组件案例是惯性传感器与 MEMS 麦克风，包括谷歌、苹果、微软、摩托罗拉等多家知名厂商，皆已将此两组件整合在自家的穿戴设备产品内，成为其传感器标准配备。

可穿戴设备两大功能项目在于量化生活（Quantified Self）及随身环境

安全监测。其所需感测功能大致可包括活动感知、影像感测、环境感测及生理感测四大类别。MEMS 组件在可穿戴装置上的应用诉求，促使系统进一步微小化、低功耗、高性能及多功能整合。eMarketer 预测可穿戴设备用户的增长主要来自智能手表。但是，整体可穿戴设备市场仍然以健康和健身追踪器为主，健身和健康监测是 MEMS 传感器在可穿戴设备中的代表性的应用。计步表或计步器是利用 3 轴 MEMS 加速度传感器，在特定的情况下，计步器的传感器能够精确地测定在步行和跑步过程中作用在系统上的加速度，通过处理加速度数据，计步器显示用户走过的步数和速度，以及在身体运动过程中所消耗掉的热量。

目前，最常见的收集身体运动数据的技术是计算步数，这种技术首次使用在计步器上，如今也给消费者提供了数据来源。除了在外形上的改变——从皮带夹到手环，大多数计步设备还需要加入其他功能，即检测人身其他指标。市场上有成千上万的传感器，并且还会越来越多。现在，工程师开始使用传感器来检测和测量心率、汗液、温度、睡眠、生殖健康、卡路里、GPS 坐标、血压、紫外线强度和葡萄糖水平。

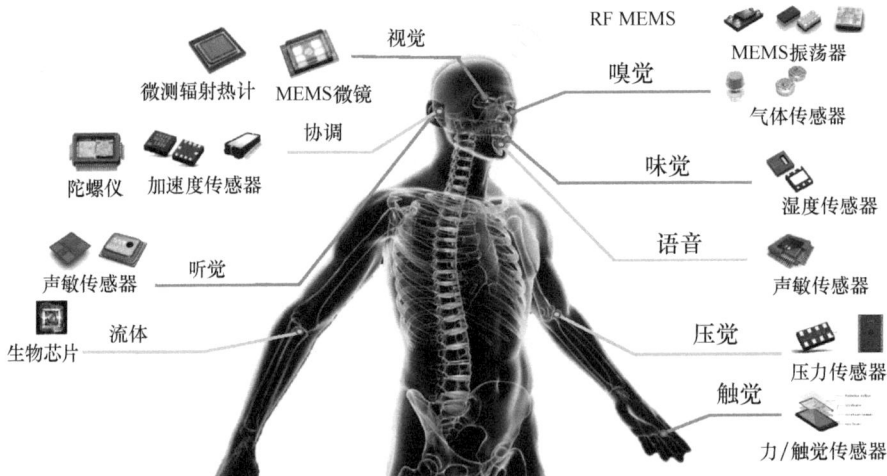

可穿戴设备中传感器示意

加速度传感器、磁传感器、陀螺仪等惯性传感器和气压、湿度、紫外线指数等环境传感器被广泛用于消费类可穿戴产品，不过，专有解决方案却需要定制的 MEMS 传感器。例如，MEMS 青光眼镜是一种柔软的一次性硅隐形眼镜，内置一个 MEMS 传感器，用于捕捉角膜区自发性周向变化。因为能够 24h 连续无创地测量角膜变化，所以该解决方案是目前辨别正常眼压青光眼和非青光眼的最实用方法。

1. 加速度传感器

应用：横竖屏、翻转应用、计步器、双击功能、手势识别、防盗、FREEFALLDETECTION、振动检测。

2. 磁传感器

用途：地图方向指示、室内定位导航

3. 陀螺仪

用途：VR 头盔、运动手环等

4. 温度传感器

原理：导体的电阻随温度变化。

用途：用于记录温度变化。虽然它不同于温度计，但是传感器的概念是类似的，都是通过红外线提供体温的读数。对此类温度传感器而言，个体锻炼越多，发热会越多，从而捕捉相关信息。

5. 生物阻抗传感器

原理：人体是一个大的生物电导体，各组织和器官均有一定的阻抗，当人体的局部器官发生病变时，该部位的阻抗必然与其他部位不同，因而可通过 2～128 通道的生物电探针，来测量人体的生物阻抗，从而对人体的健康和病变进行检测诊断。皮肤电反应是测量皮肤的电阻并将其解释为身体某种活动的方法。它也称为皮肤电反应或心理电反射。这并不意味着健身追踪器将产生电击，但是某些健身追踪可以使用该传感器来收集心率的数据。

用途：用于检查皮肤对小电流的电阻，广泛应用于亚健康监护、慢性病监测、急性病监护、中医模式诊断、运动健康监护等业务。

6. 光学传感器

原理：光照引发光电二极管产生相应的电信号，经由模数转换将其转换为数字信号，比较数字信号与预设值，实现测量功能。利用皮肤反射的光来测量脉搏。该器件本质目的是模仿人眼对环境感知（仅亮度），调节可穿戴设备适应环境需求。

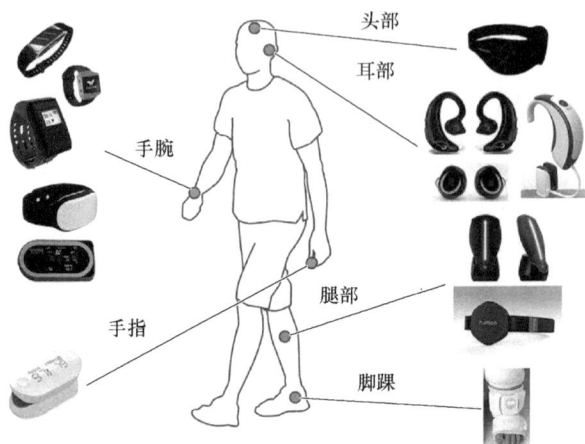

各种各样的可穿戴设备

用途：运动监测、导航、娱乐、人机交互，例如调节屏幕亮度、测量心率、测量脉搏。

除了手环、计步器之外，创新型可穿戴设备还包括：

1）植入袜子的温度传感器。

一款可以检测糖尿病患者健康状况的智能袜子，可以通过温度传感器检测患者是否出现了炎症。据相关媒体报道，CES 2017 上出现了一款可以检测糖尿病患者健康状况的智能袜子，它来自初创的企业 Siren Care。该袜子可以通过温度传感器检测患者是否出现了炎症。

据悉，Ⅰ型和Ⅱ型糖尿病最容易出现足部肿胀的状况，假如没有及时检测出来，肿胀会演变为更加严重的疾病，造成患者足部感染，甚至需要截肢。因此，对足部的状况监测可以保证提早预防各种并发症的发生。这款智能袜子的内置传感器就能对早期检测起到关键作用。

智能袜子虽然是一款可穿戴设备，但不需要经常充电。每双袜子的内置电池都充满电量，可以使用 6 个月。只要穿上袜子，其内置传感器就会自动启动。袜子一旦被脱下，传感器则将自动关闭，并进入睡眠模式。

此外，这款袜子支持机洗，所有的数据都存储于袜子的传感器、手机

APP 以及云盘中。当足部出现损伤时，袜子可以检测到高温差，然后通过 APP 发出警报，提醒患者足部出现了问题。

2）智能健身 T 恤的内置心率传感器和 GPS 定位。

这款健身数据跟踪设备可以直接在 T 恤里面完成健身数据的跟踪。

T 恤采用无袖设计，它里面缝合了运动传感器，并且是嵌入织物当中，很薄且不引人注意。这就意味着，运动者无须佩戴额外的监测设备。另外，这个 T 恤还设计了一个小型传感器，位于后领上。这个传感器上还附带有 GPS，可用于确定运动的速度、距离和加速度。另外，官方还打造了一个专门的 iPad 应用，可以实时显示数据，允许跟踪每个人的表现，并根据需要调整训练计划，有效地监控训练期间的工作量。

3.1.3 游戏机

游戏机是最早应用 MEMS 传感器的消费电子产品，其运动跟踪和手势识别应用的突出代表。2006 年任天堂首先把加速度传感器引入到其游戏机 Wii 中，采用了 MEMS 三轴加速度传感器，能够捕捉到玩家任何细微的动作，允许使用者通过运动和点击互相沟通，在屏幕上处理一些需求，使玩家陶醉于逼近真实的游戏体验，其原理是将运动（例如挥舞胳膊模仿网球球拍的运动）转化为屏幕上的游戏行为。例如，模仿一场真实的网球赛、一场引人入胜的高尔夫球赛、一场紧张的拳击赛或轻松的钓鱼比赛的动作。早前，任天堂和 ADI 宣布将 ADI 的 ADXL330 iMEMS 加速度传感器整合到任天堂的 Wii 游戏控制台中。加速度传感器可作为控制系统光标的输入或者游戏机的输入、左右倾斜或前后翻倒移动电话可左右或上下移动屏幕上的光标，帮助任天堂把视频游戏提升到一个新的水平。这种功能已被集成到几个独立的游戏机（例如任天堂公司的滚滚卡比游戏）和游戏控制器（例如微软公司的 Freestyle Pro 控制器）中，跳跃动作还引入了第 3 个轴（Z 轴）。2014 年首次搭载 MEMS 3 轴陀螺仪的 iPhone 4 中正式引入了体感控制机制，用以配合重力感应精确地模拟手机当前的空间位置和动作感应，从而实现对游戏的精准控制。MEMS 传感器的引入推动了视频游戏的发展。游戏机控制器是 MEMS 陀螺仪及加速计的另一个亮点。

此外，终端设备内的硬盘驱动器坠落保护是 MEMS 运动传感器在消费电子市场的具有重要历史意义的代表性应用之一。手提电脑内的三轴加速计可以监测加速度，因为具有特定的功能和数据处理电路，它能够检测到硬盘驱动器的意外摔落事故，并及时命令读写头缩回到安全位置，以防损坏读写头。

高能效低价微型 MEMS 传感器彻底改变了人们与移动终端设备的互动方式。在各类移动终端、游戏机、遥控器等设备上，MEMS 传感器可以实现先进的功能，令人心动的用户界面，用户的手势、触摸就能够激活相应的功能。

3.2　汽车巨头雄霸市场的撒手锏

在汽车电子控制系统（见下图）快速增长的市场需求下，汽车传感器技术不断发展。未来汽车传感器的发展总体趋势是智能化、微型化、集成化、多功能化以及新材料和新工艺制成的新型传感器。MEMS 技术传感器成为汽车传感器的主要部件。

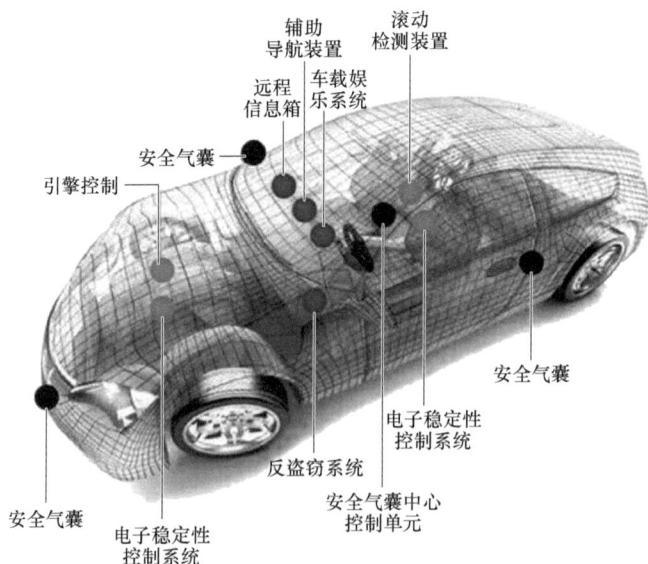

汽车电子控制系统示意

3. 2. 1　车用传感器的分类

根据组成系统和功能的不同，车用传感器可分为动力控制系统 MEMS、车身电子系统 MEMS、安全电子系统 MEMS、ADAS 高级辅助系统 MEMS 等。

1）动力控制系统 MEMS 包括：

- 空气质量流量计——用于进气控制。
- 爆震传感器——用于发动机控制。
- 离地高度传感器——用于悬挂控制。
- 智能电池传感器——用于电池管理。
- 氧传感器——用于尾气排放检测控制。
- 踏板行程传感器——用于 Start-Stop/Auto hold。
- 角度、位置传感器——用于发动机控制/转向控制。
- 压力传感器——用于发动机控制/变速器控制/增压器控制/喷射控制。

2）车身电子系统 MEMS 包括：

- 光敏传感器——用于自动大灯系统。
- 车窗升速传感器——用于车窗防夹。
- 雨量传感器——用于自动刮水器。
- 压力传感器——用于中央闭锁控制。
- 空气质量传感器——用于空调系统。
- 温度传感器——用于空调系统。
- 湿度传感器——用于空调系统。

3）安全电子系统 MEMS 包括：

- 高压传感器——用于 ESC。
- 转向轮角度传感器——用于 ESC。
- 加速度传感器——用于安全气囊/ABS。
- 座椅占用传感器——用于安全气囊。
- 转动率传感器——用于安全气囊。
- 转速传感器——用于 ABS。

- 压力传感器——用于 TPMS。

- 温度传感器——用于 TPMS。

4）ADAS 高级驾驶辅助系统 MEMS 包括：

- CMOS 图像传感器——用于车道保持/360°影像。

- 长距离毫米波雷达——用于 ACC/碰撞预警。

- Lidar——用于碰撞预警/自动驾驶。

- 短距离毫米波雷达——用于并线辅助。

- 超声波传感器——用于倒车雷达。

- 红外传感器——用于夜视。

3.2.2　车用 MEMS

　　汽车市场已经成为传感器的重要应用市场，MEMS 汽车传感器作为汽车电子控制系统的重要信息源，对温度、压力、位置、转速、加速度和振动等各种信息进行实时、准确的测量和控制。当前，一辆普通家用轿车上大约安装了近百个传感器，而豪华轿车上的传感器数量多达 200 个。目前的汽车传感器市场主要包括 MEMS 和经典的有源传感器，如里程表传感器、进气/机油压力传感器、水温传感器、空气流量传感器、胎压监测系统（TPMS）传感器、化学传感器、惯性传感器、磁传感器、超声传感器、图像传感器、雷达以及激光雷达等。

　　1. 里程表传感器

　　里程表传感器一般用霍尔、光电两种方式来检测信号，其目的是利用里程表记数有效地分析判断汽车的行驶速度和距离，因为半轴和车轮的角速度相等，已知轮胎的半径，直接通过里程参数来计算。在传动轴上设计两个轴承，大大减轻了运行中的力矩，减少了摩擦力，增强了使用寿命；由原来的动态检测信号改为齿轮运转式检测信号；由原来直插式垂直变速器改为倒角式接口变速器。里程表传感器插头一般是在变速器上，有的打开发动机盖可以看到，有的要在地沟操作。

　　2. 进气压力传感器

　　进气压力传感器可以根据发动机的负荷状态检测出进气歧管内的绝对

压力，并转换成电信号和转速信号一起送入电控单元（ECU），作为决定喷油器基本喷油量的依据。国产奥迪 100 型轿车（v6 发动机）、桑塔纳 2000 型轿车、北京切诺基（25L 发动机）、丰田皇冠 3.0 轿车等均采用这种压力传感器。目前广泛采用的是半导体压敏电阻式进气压力传感器。

3. 机油压力传感器

常用的有硅压阻式和硅电容式，两者都是在硅片上生成的微机械电子传感器。一般情况上，通过机油压力传感器来检测汽车的机油向内的机油还有多少，并将检测到的信号转换成可以理解的信号，提醒及时加注。

4. 水温传感器

水温传感器的内部是一个半导体热敏电阻，温度越低，电阻越大；反之电阻越小。其安装在发动机缸体或缸盖的水套上，与冷却水直接接触，从而测得发动机冷却水的温度。电控单元根据这一变化测得发动机冷却水的温度，作为燃油喷射和点火正时的修正号。

5. 空气流量传感器

空气流量传感器的作用是将吸入的空气转换成电信号送至电控单元，作为决定喷油的基本信号之一，检测发动机进气量的大小，并将进气量信息转换成电信号输出，并传送到 ECU。我们知道汽车的行驶是需要点火装置点火得到向前的冲量，因此，充气量的大小是 ECU 在计算汽车在点火时点火装置需要喷油时间、喷油量和点火时间的依据。根据测量原理不同，可以分为旋转翼片式空气流量传感器、卡门涡游式空气流量传感器、热线式空气流量传感器和热膜式空气流量传感器四种形式。前两者为体积流量型，后两者为质量流量型。目前主要采用热线式空气流量传感器和热膜式空气流量传感器两种。

6. ABS 传感器

在制动活塞旁边（卡制动碟的卡钳，里面是制动活塞），ABS 的作用是保证制动活塞和制动碟不卡死，保证它们处于滑动摩擦和静摩擦的边缘。大多由电感传感器来监控车速，ABS 传感器通过与随车轮同步转动的齿圈作用，输出一组准正弦交流电信号，其频率和振幅与轮速有关，该输出信号传往 ABS 电控单元，实现对轮速的实时监控。

7. 安全气囊传感器

安全气囊传感器也称碰撞传感器，按照用途的不同，分为触发碰撞传感器和防护碰撞传感器。触发碰撞式用于检测碰撞时的加速度变化，并将碰撞信号传给气囊控制器，作为气囊的触发信号。防护碰撞式传感器与触发碰撞式串联，用于防止气囊误爆。

8. 气体浓度传感器

气体浓度传感器主要用于检测车体内气体和废气排放。其中，最主要的是氧传感器，而实用化的有氧化锆传感器（使用温度为 $-40\sim900℃$，精度 1%）、氧化锆浓差电池型气体传感器（使用温度为 $300\sim800℃$）、固体电解质式氧化锆气体传感器（使用温度为 $0\sim400℃$，精度为 0.5%）、二氧化钛氧传感器。这些传感器用于检测汽车尾气中的氧含量，根据排气中的氧浓度测定空燃比，向微机控制装置发出反馈信号，以控制空燃比收敛于理论值。当空燃比变高，废气中的氧浓度增加时，氧传感器的输出电压减小；当空燃比变低，废气中的氧浓度降低时，输出电压增大。电子控制单元识别这一突变信号，对喷油量进行修正，从而相应地调节空燃比，使其在理想空燃比附近变动。其中，二氧化钛氧传感器具有结构简单、轻巧、便宜、抗铅污染能力强等特点。

9. 位置和转速传感器

位置和转速传感器主要用于检测发动机曲轴转角、发动机转速、节气门的开度、车速、汽车加速度、汽车减速等，为点火时刻和喷油时刻提供参考点信号，同时提供发动机转速信号。目前，汽车使用的位置和转速传感器主要有交流发电机式、磁阻式、霍尔效应式、簧片开关式、光学式、半导体磁性晶体管式。

10. 节气门位置传感器

节气门位置传感器安装在节气门上，用来检测节气门的开度。它通过杠杆机构与节气门联动，进而反映发动机的不同工况。此传感器可把发动机的不同工况检测后输入电控单元（ECU），从而控制不同的喷油量。它有三种型式：开关触点式节气门位置传感器、线性可变电阻式节气门位置传感器、综合型节气门位置传感器。

11. 曲轴位置传感器

曲轴位置传感器也称曲轴转角传感器，是计算机控制的点火系统中最重要的传感器，其作用是检测上止点信号、曲轴转角信号和发动机转速信号，并将其输入电控单元，从而使电控单元能按气缸的点火顺序发出最佳点火时刻指令。曲轴位置传感器有三种形式：电磁脉冲式曲轴位置传感器、霍尔效应式曲轴位置传感器、光电效应式曲轴位置传感器。曲轴位置传感器型式不同，其控制方式和控制精度也不同。曲轴位置传感器一般安装于曲轴带轮或链轮侧面，有的安装于凸轮轴前端，也有的安装于分电器。

12. 爆震传感器

爆震传感器安装在发动机的缸体上，随时监测发动机的爆震情况。目前使用的有共振型和非共振型两大类。爆震传感器用于检测发动机的振动，通过调整点火提前角控制和避免发动机发生爆震。其可以通过检测气缸压力、发动机机体振动和燃烧噪声等三种方法来检测爆震。爆震传感器有磁致伸缩式和压电式。磁致伸缩式爆震传感器的使用温度为 $-40 \sim 125℃$ ，频率范围为 $5 \sim 10kHz$ ；压电式爆震传感器在中心频率 5.417kHz 处，其灵敏度可达 200mV/g 。

13. 速度传感器

速度传感器是电动汽车较为重要的传感器，也是应用较多的传感器。就其定义而言，速度传感器主要是用来测量速度的传感器，分为转速传感器、车速传感器、车轮转速传感器等。转速传感器主要用于电动汽车电动机旋转速度的检测。常用的转速传感器有三种，分别为电磁感应式转速传感器、光电感应式转速传感器、霍尔效应式转速传感器，它们均采用非接触式测量原理，以增强检测的安全性、提高检测精度。车速传感器用来测量电动汽车的行驶速度。车速传感器主要有电磁感应式、光电式、可变磁阻式和霍尔式集中。电动汽车上普遍采用电磁感应式和霍尔式车速传感器。

3.2.3 ADAS 将推进汽车传感器的融合

汽车 ADAS（先进驾驶辅助系统）是在向高级辅助驾驶、自动驾驶演进过程中，机器的自动/辅助驾驶功能将逐渐替代人的主动性，完成环境感知、计算分析、控制执行一系列程序。ADAS 目前在全球和国内的渗透率分别只有8%～12%和2%～3%，受益于政策的支持以及消费电子的规模效应，未来几年汽车传感器行业可望实现快速增长。根据 IHSAutomotive 的预测：到2020年，这一市场的规模预计将达到99亿美元。汽车 ADAS 主要包括：

1. 自适应巡航（Adaptive Cruise Control，ACC）系统

ACC 系统是一种前向监测系统，通常使用雷达传感器来检测汽车前行并保持固定距离。驾驶员定义了一个期望的速度范围，如果系统感觉到前方车辆与自己缩小距离，将自动降低发动机功率和/或激活车辆制动器，以保持安全距离，而不超过用户定义的目标速度。

2. 前方碰撞预警（Forward Collision Warning，FCW）系统

FCW 系统是 ACC 系统扩展出来的一个功能，它们通常共享相同的雷达、激光雷达、摄像头传感器，从而提供即将发生的碰撞预警。通过计算前方车辆的距离并考虑到车辆的相对速度，系统确定可能发生碰撞的时间，并向驾驶员发出警告信号。

3. 自动紧急制动（Autonomous Emergency Braking，AEB）系统

AEB 系统也是前方监控系统，通常使用的雷达、激光雷达、摄像头传感器感知前方路面上的障碍物。如果检测到可能的碰撞，则系统将向驾驶员提供启动制动的警告。如果驾驶员没有反应，系统将直接进行制动，从而避免碰撞或减少碰撞。

4. 夜视以及行人检测（Night Vision& Pedestrian Detection，NV&PD）系统

NV&PD 系统是使用红外图像传感器，其探测范围超出了前照灯照亮的区域，以提供在黄昏和夜间前方道路的图像。红外线摄像机通常位于前保险杠下方或风窗玻璃内部的后视镜后面。行人检测是夜视系统的一个扩展

功能，它通常与 ADAS 共享同一个红外图像传感器，以在系统识别行人时为驾驶员提供警告。利用软件分析对采集的图像进行处理，以区分物体和行人。

5. 车辆偏航预警（Lane Departure Warning，LDW）系统

LDW 系统是一个横向的监控系统，用于监控车辆在当前车道的位置，并提醒驾驶员意外的车道漂移。该系统使用一个位于风窗玻璃内部后视镜后面的摄像机来监视前方道路的车道标志。当系统检测到偏离车道时，可以向驾驶员发出声音或触觉反馈，或者通过其他系统主动引导车辆返回车道。

6. 交通标志识别（Traffic Sign Recognition，TSR）系统

TSR 系统是一个前方的监控系统，通常使用与车道偏离预警系统相同的相机来监控前方道路交通标志。TSR 系统的一个主要特征是提醒驾驶员当前限速。

7. 盲区检测（Blind Spot Monitoring，BSM）系统

BSM 系统是一个侧面和后方监控系统，当驾驶员打算改变车道或超车时提醒驾驶员在盲点区域的车辆的存在。

8. 驾驶员监控（Driver Monitoring，DM）系统

DM 系统不断监测用户的驾驶风格，以发现嗜睡和疲劳的迹象。其通过监视驾驶员面部表情的方式实现监测，也可以通过监视某些驾驶风格（例如转向）来检测可能的睡意。

9. 自动前照灯调节（Automatic Headlamp Dipping，AHD）系统

AHD 是一种夜间驾驶辅助功能，基于周围的照明和前面交通条件自动调节前照灯强光弱光。该系统采用 LDW 或 TSR 相同的前摄像头为监控系统。

10. 后方横向交通告警（Rear Cross Traffic Alert，RCTA）系统

RCTA 是 BSM 系统的一个拓展功能，通常与 BSM 系统共享雷达传感器，倒车时当有任何接近的车辆时警示驾驶员。有些系统提供声音报警或者闪烁后视镜里面的 BSM 图标。

11. 半自动泊车辅助（Semi-autonomous Park Assist，SAPA）

SAPA 是现在常说的自动泊车，其使用位于前后保险杠中的雷达或者

超声波传感器检测合适的空置车位，并自动驾驶车辆进入停车位，但需要驾驶员进行适当的操作。

汽车自动/辅助驾驶系统所用到传感器主要有微波/毫米波雷达、超声波传感器、摄像头、激光雷达。

汽车各类传感器在测量范围、精准度和有效距离等方面各有优劣，在各类辅助驾驶/无人驾驶解决方案中也基本采用多传感器融合的解决方案。

汽车产业固有的体系极其严格，传统的汽车传感器市场非常稳固，少数欧美日巨头垄断全球市场。我国 90% 的车用传感器市场被大陆、博世、德尔福、森萨塔、霍尼韦尔等几家外资企业占领。目前雷达、ABS 等越来越多地成为整车企业的前装产品，这一类的传感器需求迅速上升。此外，汽车排放标准的不断提升（比如在发动机运行管理系统中和废气与空气质量控制系统中传感器的应用），对材料和工艺的要求更为严格，国内公司研发出的一款氮氧传感器就迅速占领了市场。

ADAS 系统的毫米波雷达市场集中，长期为国外汽车零部件巨头所垄断，以德国、美国和日本等国家为研发地，主要公司有博世、大陆、海拉、富士通天、电装、天合、德尔福、奥托立夫等。

国内微波/毫米波雷达传感器企业近年来逐渐涌现，多为初创企业，普遍缺乏车载行业背景。随着 ADAS 的加速渗透，越来越多的汽车产业链供应商将纷纷通过自主研发、国际合作、投资创业团队等方式切入加速布局。

3.2.4 无人驾驶汽车中的 MEMS 传感器

无人驾驶汽车的实现需要大量的 MEMS 相关技术支持，其中最重要的就是大量的传感器感知定位。其核心技术是包括高精度地图、定位、感知、智能决策与控制等模块。其中最关键的技术模块包括精确 GPS 定位及导航、动态传感避障系统、机械视觉三大部分，如下图所示。无人驾驶系统通过传感器感知车辆当前所处状态（如位置、周围车辆、行人障碍物等），由决策算法得出最优的行驶策略，最终由控制部分将此策略转换为车身部件实际操作。在实际应用中，感知系统为自动驾驶车辆提供周围车辆、行人、车道线等环境信息，为规控系统计算最优行驶策略提供依据。无人驾驶汽车专用传感器主要分为光学和非光学两大类。光学类传感器主要包括红外传感器和可见光传感器等，主要用于摄像头；非光学传感器主要包括压力、温度和速度传感器以及地磁传感器（电子指南针）、侧翻传感器、陀螺仪等。

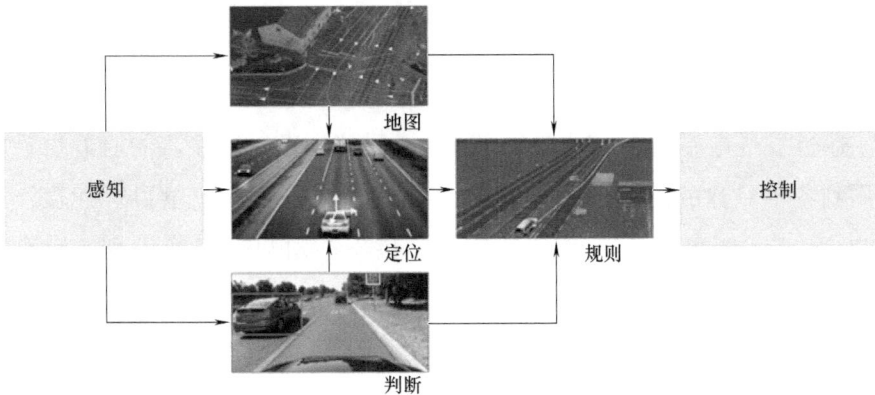

无人驾驶系统基本原理

1. 无人驾驶系统中的主要传感器

无人驾驶系统中的传感器主要包括摄像头、红外传感器、毫米波雷达、中短距离毫米波雷达、长距离毫米波雷达、激光雷达、超声波雷达等。

（1）摄像头

具备 360°的同步视野，而人类驾驶员只能看到 120°的视野。感光芯片每秒记录 N 组（帧）数字形式的图像，通过车载以太网或 LVDS 方式发送给自动驾驶系统的计算机，计算机通过图像识别技术分析数据。由于高清视觉系统能够探测颜色，因此可以帮助系统识别交通信号灯、施工区、校车和急救车的频闪灯，进而判断车辆周围状况。摄像头技术对应传统的人眼视觉，应用中摄像头形式包括单目、双目和三目，根据摄像头安装的位置分为前视、后视、环视和车内监控摄像头。谷歌无人驾驶项目 Waymo 的视觉系统由多组高清摄像头组成，目的是在白天和低光照条件下都能看清远方的物体。

117

（2）远红外传感器

远红外传感器以红外线为介质，只考虑观测主体与环境之间温度差，不受光线情况影响。远红外热成像原理为：通过能够透过红外辐射的红外光学系统将视场内景物的红外辐射聚焦到能够将红外辐射能转换为便于测量的物理量的器件（即红外探测器）上，再将强弱不等的辐射信号转换成相应的电信号，经过放大和视频处理，形成可供人眼观察的视频图像，最终通过显示终端显示、音响设备报警的夜间辅助驾驶产品。

（3）毫米波雷达

通过发送电磁波（毫米波），测量反射波从发射到接收的时间，计算车辆到各个目标的距离。雷达的多普勒效应可以用以测量目标速度。毫米波雷达抗干扰能力强，作用范围大，但不能对目标进行识别，分辨率较低。

（4）激光雷达

激光雷达发射的激光波长为 $600 \sim 1000nm$，并通过反射脉冲的飞行时间（T_{OF}）测量距离。激光雷达在短时间内可发送大量激光脉冲（每秒可以向 $360°$ 的方向发出数百万激光脉冲，并且可以测量激光从一个表面反射回汽车所花费的时间），通过旋转镜头方式构建周围较大扫描区域内的三维点云数据。激光雷达不仅作用距离远，昼夜均可使用，还可以测量速度，而且具备很好的目标识别能力，其缺点是成本较高。

（5）超声波雷达

超声波雷达是测量发射超声波（$>20kHz$）反射的回时间，从而判断障碍物的存在和距离。超声波雷达的缺点是作用距离短，传输依赖介质，速度慢，只适用于低速下的停车辅助。

由工作机制决定的固有属性，应让不同传感器适用于不同的应用场景。没有一种传感器可以满足自动驾驶所有类型的任务，在实际应用中要结合不同传感器的优势，利用传感器融合技术，为自动驾驶汽车提供全面、及时和准确的周边环境信息，便于自动驾驶系统做出最准确的决策。常见无人驾驶传感器及其功用见下表。

无人驾驶传感器及其功用

	超声波雷达	摄像头	毫米波雷达	激光雷达	组合导航
自动巡航（ACC）	√	√	√	√	
紧急制动（AED）		√	√	√	
行人检测（PD）		√	√	√	
交通标志识别（TSR）		√			
车道偏离警告（LDW）		√			
泊车辅助（PA）	√	√	√	√	
自动驾驶（AP）	√	√	√	√	√

2. 传感器分布

在无人驾驶汽车上，传感器的分布、功能及作用范围大致如下图所示。由图中可以看出，不同类型的传感器作用的范围（距离和角度）有所差别，应用中需要使用多个不同类别的传感器，分布在车身的不同位置以实现对车辆周围环境360°无死角覆盖。

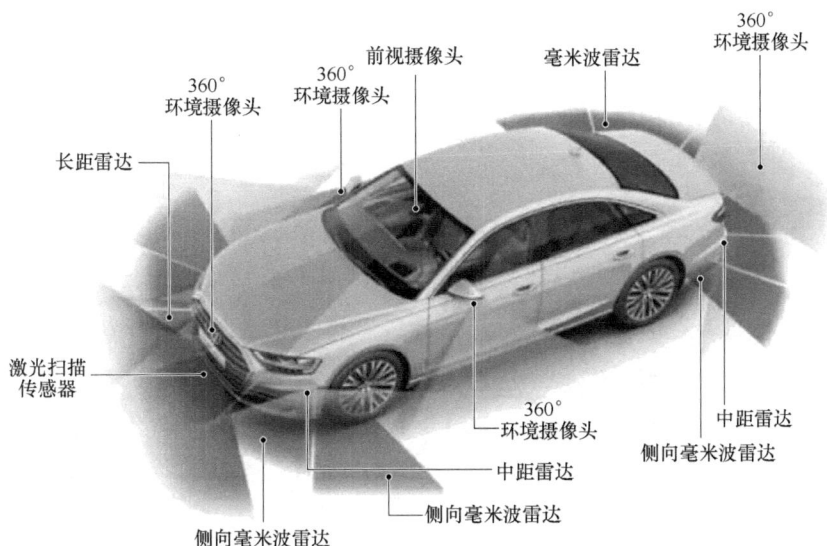

无人驾驶汽车传感器分布

当前无人驾驶/ADAS 的关键部件，比如高精度惯导、激光雷达的成本非常高，谷歌无人驾驶车上使用的 Velodyne 64 线激光雷达价格高达 7.5 万美元，整套设备成本在 15 万美元左右。随着市场化和技术的发展，激光雷达等传感器成本必然会逐渐下降。在激光雷达领域，Velodyne 公司已推出低成本的 16 线产品，售价为 8000 美元；创业公司 Quanergy 也承诺将推出成本为 250 美元左右的低成本激光雷达。

3. 典型无人驾驶系统的传感器组合

目前，无人驾驶环境感知的技术路线主要有两种：一种是以特斯拉为代表的毫米波雷达主导的多传感器融合方案；另一种以高成本激光雷达为主导，典型代表如谷歌的 Waymo。

（1）特斯拉

特斯拉的无人驾驶方案以毫米波雷达 + 可见光摄像头为主，最开始有 MobileEye 的参与，以可见光摄像头为主，毫米波雷达作为辅助。出现撞卡车事件后，特斯拉改为以毫米波雷达为主，可见光摄像头为辅。特斯拉自动驾驶系统 Autopilot 的感知传感器主要由 12 个长距离超声波距离传感器、1 个长距离雷达和 1 个前向摄像头组成，可以实现自动巡航，自动变道和紧急制动功能。紧急制动功能的关键传感器包括位于车辆内后视镜中集成的前向摄像头和车辆前保险杠中下部装配的长距离雷达。

（2）谷歌

谷歌的方案基本上是以激光雷达为主，毫米波雷达为辅，可见光摄像头几乎不参与。谷歌似乎对可见光摄像头一直不感冒，即使涉及物体/行为识别，仍倾向于使用三维激光雷达。谷歌无人驾驶汽车 Waymo 上部署有 3 种自主开发的激光雷达、9 个摄像头，多个毫米波雷达，包括提供四周连贯视野的短距离激光雷达、高清中距离激光雷达，以及能够看到几乎 3 个橄榄球场之外的新一代长距离激光雷达。

（3）奥迪

奥迪自动驾驶汽车拥有众多传感器包括 12 个超声波传感器、4 个高清俯视鱼眼摄像头、1 个高清 3D 摄像头、1 个红外线夜视摄像头、4 个雷达传感器和 1 个激光扫描器，可全面且完整地监测汽车四周的环境。

3.3 工业4.0背后的隐形功臣

核心传感元器件是"工业基石"，是工业赖以生存和发展的基础，直接决定重大装备和主机产品的性能和质量（寿命、可靠性、适用工况）。传感器在航空航天领域、机器人领域、智能汽车领域等工业领域都有着广泛的应用。其技术发展总趋势呈现出了以下特点：

1）产品技术与智能化技术相互融合；

2）模块化、组合化、集成化技术得到高度重视；

3）高性能和环保成为行业发展的主题；

4）广泛采用新材料、新工艺。

核心传感器的技术发展趋势呈现出智能化、无线化、微型化、集成化、多样化的特点。

工业机器人

3.3.1 工业机器人

机器人还在变得越来越智能。除操作程序之外，机器人的输入绝大部分都来自所包含的传感器。就像人类的五官一样，传感器向机器人提供有关外部世界的信息。举例来说，在工厂，工业机器人需要感测到工人的存在，以避免对工人造成伤害。此外，它们还能够检测到异常情况，例如可能造成损坏的剧烈振动。人们已经为科学研究和工程实现设计出了种类繁多的传感器，许多传感器可通过电子接口应用在工业机器人中。

MEMS 传感器是令人惊奇的小器件，大小仅为几平方毫米，通常包含两个芯片：传感器芯片和具有信号处理功能的芯片。传感器芯片通常用来提供运动或压力信息，也可以用作磁性固态传感器。具有信号处理功能的芯片能够将来自传感器的微弱模拟信号转换为有用信息，并通过一些串行总线传递这些信息。

MEMS 传感器外形小巧、价格实惠，是工业机器人的理想配件。此外，它们的耗电量很低，当采用 2V 或 3V 电源时，一个加速度传感器的功耗通常不到 10μA。低功耗方案（如低于 1μA）还可以通过专用传感器来实现，这些传感器可作为一个运动触发器或篡改探测单元来运行。它们提供的快速唤醒和关闭机制是影响功耗的最重要的参数。

按照传感器的用武之地，即检测对象，可以简单将工业机器人用传感器简单分为内外两部分。

1. 内部传感器

内部传感器，又称为体内传感器，内传感器和电动机、轴等机械部件或机械结构如手臂（Arm）、手腕（Wrist）等安装在一起，主要用于检测工业机器人各内部系统的状况，如各关节的位置、速度、加速度温度、电动机速度、电动机载荷、电池电压等，并将所测得的信息作为反馈信息送至控制器，形成闭环控制。

（1）位置（位移）传感器

直线移动传感器有电位计式传感器和可调变压器两种。角位移传感器有电位计式、可调变压器（旋转变压器）及光电编码器三种，其中光电编码器有增量式编码器和绝对式编码器。增量式编码器一般用于零位不确定的位置伺服控制，绝对式编码器能够得到对应于编码器初始锁定位置的驱动轴瞬时角度值，当设备受到压力时，只要读出每个关节编码器的读数，就能够对伺服控制的给定值进行调整，以防止工业机器人起动时产生过剧烈的运动。

（2）速度和加速度传感器

速度传感器有测量平移和旋转运动两种，但大多数情况下，只限于测量旋转速度。其利用位移的导数，特别是光电方法让光照射旋转圆盘，检测出旋转频率和脉冲数目，以求出旋转角度。

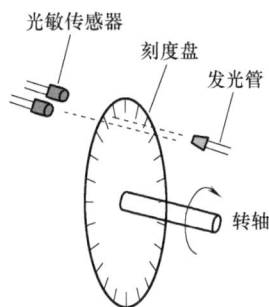

光栅盘式光电编码器原理

应变仪即伸缩测量仪是一种应力传感器，用于加速度测量。加速度传感器用于测量工业机器人的动态控制信号。一般有由速度测量进行推演、已知质量物体加速度所产生动力，即应用应变仪测量此力进行推演。

（3）力觉传感器

力觉传感器用于测量两物体之间作用力的 3 个分量和力矩的 3 个分量。工业机器人中理想的传感器是黏接在依从部件的半导体应力计。力觉传感器分为金属电阻型、半导体型、其他磁性压力式和利用弦振动原理制作的力觉传感器。

此外，还有转矩传感器（如用光电传感器测量转矩）、腕力传感器（如国际斯坦福研究所的由 6 个小型差动变压器组成，能测量作用于腕部 X、Y 和 Z 三个方向的动力及各轴动转矩）等。

近年来工业机器人普遍采用以交流永磁电动机为主的交流伺服系统，对应位置、速度等传感器大量应用的是各种类型的光电编码器、磁编码器和旋转变压器。

2. 外部传感器

外部传感器又称外界传感器，用于具有校正能力和反应环境变化能力的新一代工业机器人（如多关节机器人，特别是移动机器人、智能机器人等）上感知作业对象及外界环境等方面的信息。其是工业机器人与周围交互工作的信息通道。

（1）触觉传感器

微型开关是触觉传感器最常用形式，另有隔离式双态接触传感器（即双稳态开关半导体电路）、单模拟量传感器、矩阵传感器（如压电元件的矩阵传感器、人工皮肤——变电导聚合物、光反射触觉传感器）等。

（2）接近度传感器

由于工业机器人的运动速度提高会对物体装卸引起损坏等原因，所以需要知道物体在工作场地内存在位置的先验信息以及适当的轨迹规划。这就有必要应用测量接近度的遥感方法。接近传感器分为无源传感器和有源传感器，所以除自然信号源外，还可能需要人工信号的发送器和接收器。

超声波接近度传感器用于检测物体的存在和测量距离。但它不能用于测量小于50cm的距离。它可用在移动机器人上，也可用于大型工业机器人的夹手上，还可做成超声导航系统。

红外线接近度传感器，其体积很小，只有几立方厘米大，因此可以安装在工业机器人的夹手上。

（3）声波传感器

声波传感器用于感测和解释在气体（非接触感受）、液体或固体（接触感受）中的声波。声波传感器可以实现从简单的声波存在检测到复杂的声波频率分析，直到对连续自然语言中单独语音和词汇进行辨别。

（4）滑觉传感器

滑觉传感器用于检测物体的滑动。当要求工业机器人抓住特性未知的物体时，必须确定最适当的握力值，所以要求检测出握力不够时所产生的物体滑动信号。

目前有利用光学系统的滑觉传感器和利用晶体接收器的滑觉传感器，后者的检测灵敏度与滑动方向无关。

（5）距离传感器

用于智能移动工业机器人的距离传感器有红外测距传感器、激光测距仪（兼可测角）、声呐传感器等。

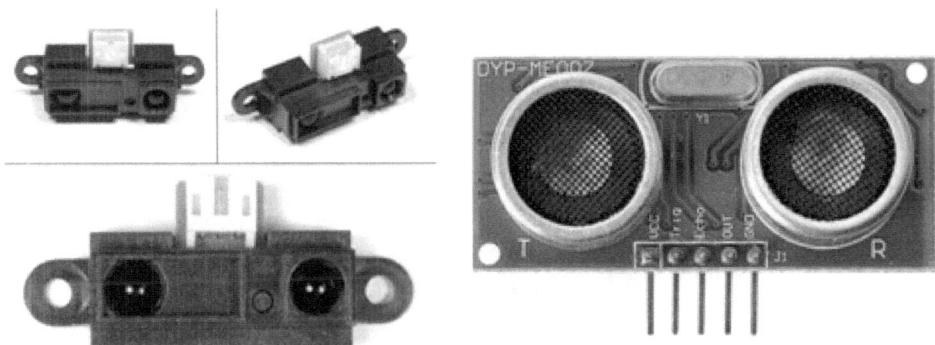

红外测距传感器和超声波测距传感器

（6）视觉传感器

根据运行方式，视觉传感器可以分为被动式传感器和主动式传感器。被动式传感器是指本身不发出能量，靠捕获外界光线来获得信息的传感器，如 CCD；主动式传感器是那些有自主性的传感器，它们能发出探测信号（如红外线等）。

二维视觉传感器和三维视觉传感器

3.3.2　智能机器人

智能机器人对传感器具体的要求：

1. 传感器精度

对于智能机器人来说，传感器需要有精度高、可靠性高、稳定性好。智能机器人在感知系统的帮助下，可自主完成人类指定的工作。如果传感器的精度差，会直接影响机器人的作业质量；如果传感器不稳定或者可靠性不高，很容易导致智能机器人出现故障，轻者导致工作不能正常运行，严重者还会造成严重的事故，因此传感器的可靠性和稳定性是智能机器人对其最基本的要求。

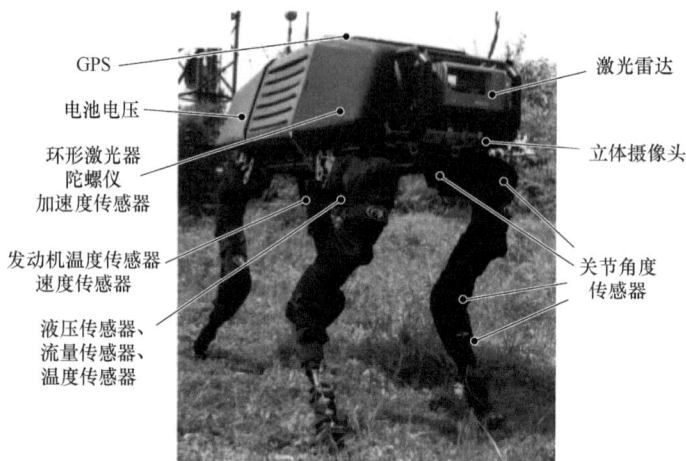

GPS
电池电压
环形激光器
陀螺仪
加速度传感器
发动机温度传感器
速度传感器
液压传感器、
流量传感器、
温度传感器
激光雷达
立体摄像头
关节角度
传感器

Big Dog 机器人对传感器的需求

2. 抗干扰能力

由于智能机器人的传感器往往工作在未知的环境中，因此要求传感器具有抗电磁干扰、抗振动、可在灰尘和油垢等恶劣环境下工作的能力。重量轻和体积小同样是智能机器人对传感器的要求。对于安装在机器人手臂等运动部件上的传感器，重量一定要轻，否则会加大运动部件的损坏，影响机器人的运动性能；对于工作空间受到某种限制的机器人，对体积和安装方向的要求也是必不可少的。

3. 传感器的安装

智能机器人的安全问题首先是它的自我保护，另外一方面则是机器人为保护人类安全不受侵犯采取的措施。人类在工作时，总是利用自己的感觉反馈，控制使用肌肉力量不超过骨骼和肌腱的承受能力。同样，机器人在工作过程中，采用力和力矩传感器来检测和控制各构件的受力情况，使各个构件均不超过其受力极限，从而保护构件不被破坏。为了防止机器人和周围物体的碰撞，需要采用各种触觉传感器和接近传感器来防止碰撞。智能机器人的服务对象是人类，为了保护人类免受其害，智能机器人需要传感器来限制自身的行为。

传感器其实相当于人类的神经末梢，其灵敏度与分布的密度有极大的关系。对灵敏度的要求越高，机器人携带的传感器就越多，这也涉及了机器人有限的内部空间和人类对机器人无限感官的期待之间的矛盾。

在大量现有传感器的基础上，机器人传感技术的未来将向更小、更轻、性价比更高且更易于整合的方向发展。

3.3.3 智慧工厂

随着网际网络技术与制造业原本就相当成熟的自动化方案开始结合，2012 年德国提出了智慧工厂概念，通过对大量数据的分析，改变了服务模式，也让工厂真正朝智慧化迈进。当前，智慧工厂主要包括三大架构，分别为物联网、海量信息、创新服务架构，而这三大架构构筑成的物联网系统（Cyber Physical System）就成为现代智慧工厂的建置主体。由于自身的自动化水平较高，解决了现在制造业面对生产资源调度与制程弹性化、定制化的难题，因此实施智慧工厂相对比较容易。智慧工厂概念的三大技术，并非各自独立运作，而是交叉运用相互整合，让制造现场的所有设备均可发挥最大效益。在此系统中，物联网位居第一线，负责数据的采集与少量控制。物联网透过使用大量的 MEMS 器件，密集采集特定区域或物件的特定数据，再将数据回传至后端系统，所以物联网被视为继 PC 与因特网后，再一次改变世界的重要技术。

在智慧工厂端，物联网成功应用了近年来已然成熟的 3D IC 技术，将感测器内建入 MEMS 器件。与流程工业相比，离散制造业首先在底层制造环节由于生产工艺的复杂性，如车、铣、刨、磨、铸、锻、铆、焊对生产设备的智能化要求很高，投资很大。特别是装备制造业、家电、汽车、机械、模具、航空航天、消费电子等产品大都要求产品智能化。为了实现智能智慧工厂，企业的生产线和物流需要多种多样的传感器，利用传感器可以实现对数据的采集、处理和传输。这些传感器必须能够与互联网或者云端进行信息互通，在此过程中如何更智能地去运行，对将来大数据和工厂自动化的融合至关重要。

工业应用通常会专注于产出高端产品而非大量生产，因此对传感器的需求偏向能在严苛工作环境下可靠、精准且小型的设备。随着机器之间（Machine-to-Machine，M2M）的连接协作越来越精密，传感器的任务也从被动监测，演化成主动探测预防型维护、资产控管与数据分析。在智慧工厂生产流程的领域中，流程控管、流程安全、作业管理与资产利用等系统，皆需要使用传感器来测量、分析与控制系统设置。将多个传感科技与软体分析工具整合，推动生产效能、可靠性与安全的信息传播会变得更快、更准确。

智慧工厂由 4 个非常关键的因素组成：一是个性化的需求，小批量生产；二是人机协作；三是信息系统；四是高效生产。个性化生产方面，即柔性制造，是通过智能传感器实现的。柔性制造首先就是要实现所有数字透明化，而智能传感器可提供所有层次的信息。人机协作方面，安全保护是智能制造中非常重要的一个方面，人在整个自动化设备跟系统里面是非常重要的，所以保护人与人机协作也是非常重要的。这其中有两个方面备受关注：一个是静态的安全保护，就是在工厂里面，人在里面走动，而机器相对固定，处于静态的保护；另一个是动态安全保护，牵扯到人机协作，需要利用传感器实现导航以及人与机器人的融合应用。智慧工厂利用物联网技术加强信息管理和服务，掌握产销流程、提高生产过程的可控性、减少生产线上人工的干预、及时正确地采集生产线数据，合理地安排生产计划与生产进度，并优化供应链。传感器应用非常广泛，工业生产各个环节都需要传感器进行监测，并把数据反馈给控制中心，以便对出现的异常节点进行及时干预，保证工业生产正常进行。业界普遍认为，新一代的智能传感器是智能工业的核心，它让产品生产流程持续运行，并让工作人员远离生产线和设备，保证人身安全和健康。在智慧工厂里，机器和设备将具有自我优化和自主决策的能力。

智慧工厂

MEMS 技术让智慧工厂中的传感器小型化、智能化，其将在智慧工厂时代大有可为。MEMS 温度传感器和 MEMS 湿度传感器可用于环境条件的检测，MEMS 加速度传感器可以用来监测工业设备的振动和旋转速度。高精度的MEMS 加速度传感器和陀螺仪可以为工业机器人的导航和转动提供精确的位置信息。

　　除了上述提到的传感器，智慧工厂中常见的还有气压传感器、加速度传感器、湿度传感器以及指纹传感器等。它们的工作原理虽然各有不同，但最基本的原理都是通过光波、声波、特殊材料甚至化学原理将待测量转化为电学量，只不过大多都根据特定的领域在一般原理的基础上做了升级和扩展。

　　智慧工厂所需要的传感器跟传统的传感器相比，第一，需要有更灵活的接口，传感器不仅要能够在控制器层通信，而且还要能实现更高数据层的通信。附加的数据或软件系统接口让传感器可以执行新的分析任务及新的功能。这些能力可提高生产的灵活性、质量、效率和透明度，彻底地改变工业金字塔结构。第二，传感器需要更智能。智能传感器提供的数据越紧凑、越实用，整个系统利用数据源的效率也将越高，分析结果也越准确。在内部对数据直接进行预处理、压缩和滤波的智能传感器将完美匹配工业4.0 的要求。

3.4 智慧医疗不眠的守护神

MEMS 传感器技术的突破也为医疗应用带来前所未有的便利性和体验。随着人口的老龄化，人们的医疗保健问题变得空前重要。体外诊断、药物研究、病患监测、给药方式以及植入式医疗器械等领域都在不断发展，系统集成商们需要创新的技术来迅速提高产品性能、降低产品成本、缩小产品尺寸。随着人们收入水平的提高，对健康的需求日益提升，在未来整个 MEMS 传感器市场当中，医疗领域将是增长最快的之一。2014 年，全球医疗 MEMS 传感器市场规模为 24.7 亿美元。据相关机构预测，2015~2020 年医疗 MEMS 传感器市场将以 20.2% 年复合增长率增长，2020 年将达到 74 亿美元。

MEMS 技术为所有这些领域带来改进了传感和执行功能的微型器件见下表。

医疗领域 MEMS 及其用途

名　称	用　途
位移传感器	血管内外径，心房、心室尺寸，骨骼肌、平滑肌的收缩等
速度传感器	血流速度、排尿速度、分泌速度、呼吸气流速度等
加速度传感器	各种生理病理声音，如心音、呼吸音、血管音，搏动、震颤等
力传感器	肌收缩力、咬合力、骨骼负荷力、黏滞力等
流量传感器	血流量、尿流量、心输出量、呼吸流量等
压强传感器	血压、眼压、心内压、颅内压、胃内压、膀胱内压、子宫内压等
温度传感器	口腔、直肠、皮肤、体（核）、心内、肿物、血液、中耳膜内温度
电学传感器	肌电、心电、各种平滑肌电、眼电、神经电、离子通道电等
辐射传感器	X 射线、各种核射线、RF 电磁波等
光学传感器	各种生物发光、吸光、散射光

3.4.1 医用测压

测压传感器的核心部件是箔应变计，其采用真空沉积或溅射技术，通过材料的分子键合附着在介电层上，这种技术通常称为薄膜法。理想的应变计应是体积小、成本低、对于负荷方向上的应变极为灵敏，而且不受周围环境温度变化的影响。

在医学上它们被称为医用测压传感器，其必须高度精确且紧凑包装，以方便携带，特别是器械要与病人直接连接时。

现在将小型测压传感器应用到了容易发生人为错误的领域，如用于给药的输液泵。这种传感器可准确测量输液袋的重量，当液体重量与预先设定值不同时，传感器会立即向连接的设备发出警告信息，并及时与控制器通信。

3.4.2　医疗植入

植入式传感器应当具有体积小、重量轻、与身体兼容等特点，同时还要求其功率非常小。更重要的是，它们不能随着时间的推移而衰变。

由于这类传感器属于第Ⅲ类医疗器械，因此需要有食品及药物管理局（FDA）的批准才能使用。一般来讲，这类传感器价格非常昂贵，而且需要专家做外科手术进行植入。对功率的要求是植入式传感器正常工作所面临的重要挑战之一。

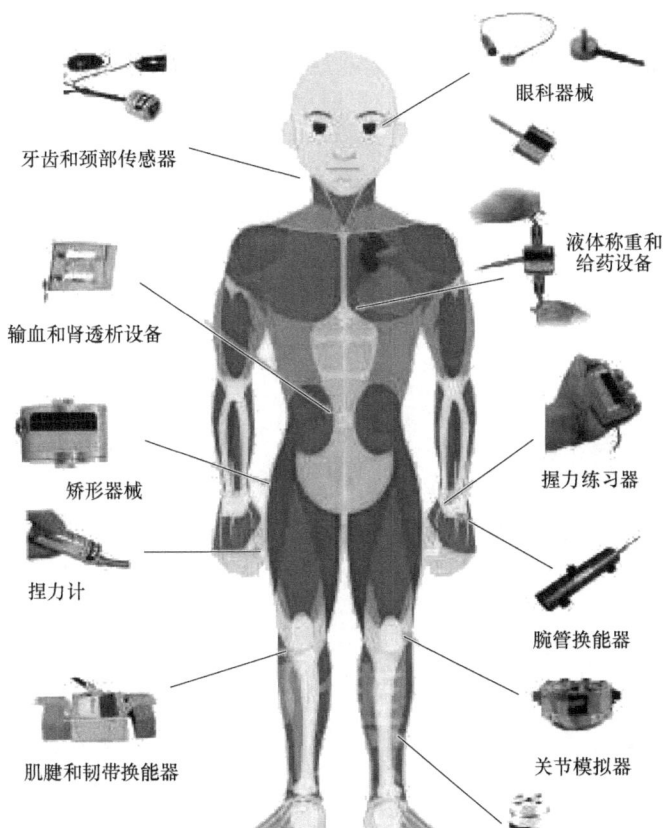

牙齿和颈部传感器

眼科器械

液体称重和给药设备

输血和肾透析设备

握力练习器

矫形器械

握力计

腕管换能器

肌腱和韧带换能器

关节模拟器

植入式传感器示意

1. 压电聚合传感器

这类传感器体积小、可靠性高，不需要外部动力且能长时间持续工作，可应用于监视病人活动的心脏起搏器，通过植入式传感器可以实时监测心率变化。

2. 心脏起搏器

每当病人运动时，传感器就会产生一个信号。心脏起搏器接收到这些信号，然后使心脏也相应地搏动。如果病人在休息，信号为 0，则心脏起搏器会使心脏以正常频率搏动，大约 70 次/分钟。传感器能区分出各种活动，例如走路、跑步或是其他身体活动。传感器的输出和运动量成正比。

3. 无线心脏传感器

心力衰竭是老年人最常见的住院病因，心衰患者怎样在家就能得到很好的监测呢？如果能够随时监测患者的心脏收缩、心脏舒张以及平均肺动脉压等监测数据，调整患者的治疗方案，可以减少心衰病人的住院时间。

心衰患者的无线、植入式血流动力学监测系统包括一个永久植入肺动脉的传感器/监控器，一个经静脉导管用于传送和部署传感器，一个电子系统用于获取和处理来自传感器的信号，并将肺动脉压力测量值传送到一个安全的数据库。遵照程序，病人在家中无线监测其肺动脉压力，数据立即传送到安全的数据库，供医生可通过网站实时监测。

结果显示，应用无线植入器进行远程血流动力学监测，以指导心衰治疗，可有效降低慢性心衰患者（CHF）术后 18 个月的心衰住院率。

3.4.3 胎心检测

利用新提出一种无创胎心检测方法，研制出了一种简单易学、直观准确的介于胎心听诊器和多普勒胎儿监护仪之间的临床诊断和孕妇自检的医疗辅助仪器。

其原理是通过加速度传感器将胎儿心率转换成模拟电压信号，经前置放大用的仪器放大器实现差值放大。然后进行滤波等一系列中间信号处理，用 A-D 转换器将模拟电压信号转换成数字信号，通过光隔离器件输入到单片机进行分析处理，最后输出处理结果。

基于 MEMS 加速度传感器设计的胎儿心率检测仪在适当改进后能够以此为终端，形成远程胎心监护系统。医院端的中央信号采集分析监护主机给出自动分析结果，医生对该结果进行诊断，如果有问题，则及时通知孕妇到医院就诊。该技术有利于孕妇随时检查胎儿的状况，保障胎儿和孕妇的健康。

3.4.4　癌症检测

用于癌症检测的薄膜传感器是一种新型生物电化学检测芯片，是基于聚合物自组装膜制备的生物电化学传感器，它将使癌细胞的检测变得如同血糖仪检查一样简单，为癌症的提早预防提供可能。

癌症检测薄膜传感器

目前，国内各大医院常用的体液检测手段是免疫固定电泳法，其检测成本高、对设备要求严、检测时间长，让大量的患者失去了治疗的黄金时间。这款薄膜学传感器以患者发病早期血液中会分泌出极其微量的单克隆球蛋白及游离轻链为契机，将识别此蛋白的抗体嫁接于电极表面的高分子微孔膜基体，通过两者的专一识别性，在电化学工作站的帮助下，放大成化学信号，从而实现在发病初期检查癌细胞的功能。在临床试验中，从样品采集到注入、检测和医疗分析等整个过程，仅仅耗时 10min，且成本低、准确性高。该项技术与医院常使用的免疫固定电泳法相比，检测灵敏性提高了 500 倍。不仅如此，该项技术配套的检测设备成本仅 8 万元，降低了检测准入门槛，可广泛应用。

作为一种新型生物传感器使用平台，此技术可以运用到更广阔的技术领域，如白血病、尿毒症、淋巴癌、肝癌等重症的提早诊断，甚至在环境监测、军用探测领域取得更长远的发展。

3.5 国家之间航空航天角力的硬科技

在航空领域，MEMS 传感器可适应不同的空间环境，包括真空、电磁辐射、高能粒子辐射、等离子体、微流星体、行星大气、磁场和引力场等，以及航天器某些系统工作时或在空间环境作用下产生的诱导环境，例如，轨道控制推力器点火和太阳电池翼伸展引起的振动、冲击环境；航天器上的磁性材料和电流回路在空间磁场中运动产生的感应磁场；航天器上有机材料逸出物沉积在其他部位造成的分子污染等。

在航天领域，武器装备是 MEMS 技术的最早应用，对推动 MEMS 技术的进步起到了很大作用。大量采用 MEMS 器件，以改进武器性能，已成为美国发展新型高科技武器装备的方向。

根据美国 DARPA 公布的资料，MEMS 在武器装备中的主要应用领域包括：用于武器制导和个人导航的惯性导航组合，单兵携带、战场实时监测、毒气以及细菌检测和救护等，武器安全、保险、引信和无人值守分布式传感器，炮弹弹道修正，子母弹开仓控制，超小型、超低功率无线通信信号处理，小型分析仪器，高密度、低功耗的大量数据存储器件，敌友识别系统、显示和光纤开关的集成微光学机械器件等方面。因此，航空航天传感器主要有状态传感器，环境传感器之分，前者包括各种活动机件的即时位置传感器、飞机状态传感器、结冰传感器、火警传感器、极限传感器、过载传感器、生命传感器以及各种多余度系统的自动转换传感器。

环境传感器主要有温度传感器、湿度传感器、氧气传感器、压力传感器、流量传感器等。

MEMS 传感器在航空航天领域中主要有以下五种用途：

1）提供有关航天器的工作信息，起故障诊断的作用；

2）判断各分系统间工作的协调性，验证设计方案；

3）提供全系统自检所需信息，给指挥员决策提供依据；

4）提供各分系统、整机内部检测参数，验证设计的正确性。

5）监测飞行器内外部的环境，为飞行员、航天员提供所需的生存条件，保障正常飞行参数。

3.6　其他

3.6.1　仿生传感器

这是一种采用新的检测原理的新型传感器，它采用固定化的细胞、酶或者其他生物活性物质与换能器相配合组成传感器。这种传感器是近年来生物医学和电子学、工程学相互渗透而发展起来的一种新型信息技术。这种传感器的特点是机能高、寿命长。在仿生传感器中，比较常用的是生体模拟传感器。

仿生传感器按照使用的介质可以分为酶传感器、微生物传感器、细胞器传感器、组织传感器等。仿生传感器和生物学理论的方方面面都有密切的联系，是生物学理论发展的直接成果。在生体模拟传感器中，尿素传感器是最近开发出来的一种。下面就以尿素传感器为例子介绍仿生传感器的应用。

尿素传感器主要是由生体膜及其离子通道两部分构成。生体膜能够感受外部刺激影响，离子通道能够接收生体膜的信息，并进行放大和传送。当膜内的感受部位受到外部刺激物质的影响时，膜的透过性将产生变化，使大量的离子流入细胞内，形成信息的传送。其中起重要作用的是生体膜的组成成分是膜蛋白质，它能产生保形网络变化，使膜的透过性发生变化，进行信息的传送及放大。生体膜的离子通道，由氨基酸的聚合体构成，可以用有机化学中容易合成的聚氨酸的聚合物（L—谷氨酸，PLG）为替代物质，但它比酶的化学稳定性要好。PLG 是水溶性的，本不适合电极的修饰，但 PLG 和聚合物可以合成嵌段共聚物，形成传感器使用的感应膜。

生体膜离子通道的原理基本上与生体膜一样，在电极上将嵌段共聚膜固定后，如果加感应 PLG 保性网络变化的物质，就会使膜的透过性发生变化，从而产生电流的变化，由电流的变化便可以对刺激性物质进行检测。

经试验证明，尿素传感器是稳定性较好的一种生体模拟传感器，检测下限为 10^3 数量级，还可以检测刺激性物质，但是暂时还不适合生体的计测。

目前，虽然已经成功开发了许多仿生传感器，但仿生传感器的稳定性、再现性和可批量生产性明显不足，所以仿生传感技术尚处于幼年期，因此，以后除继续开发出新系列的仿生传感器和完善现有的系列之外，生物活性膜的固定化技术和仿生传感器的固态化值得进一步研究。

没有 MEMS 的支撑，高度人工智能的机器人不过是个植物人。

在不久的将来，模拟生物体功能的嗅觉、味觉、听觉、触觉仿生传感器将出现，有可能超过人类五官的敏感能力，完善目前机器人的视觉、味觉、触觉和对目的物进行操作的能力。我们能够看到仿生传感器应用的广泛前景，但这些都需要生物技术的进一步发展。

3.6.2 智能家居

有数据显示，到 2020 年，全球智能家居产业规模达到 620 亿美元，届时中国智能家居市场规模将达到 1396 亿元。智能家居落地的两大突破点：一个是以 WiFi、ZigBee、Zwave 和蓝牙为主的无线技术标准的统一；另一个就是传感器、芯片等硬件的创新发展。

智能家居中所用传感器如下：

1. 温湿度传感器

温度传感器主要用于探测室内、室外环境温度。家庭环境中应用最多的是热敏电阻。热敏电阻器是敏感元件的一类，按照温度系数不同分为正温度系数热敏电阻器（PTC）和负温度系数热敏电阻器（NTC）。热敏电阻器的典型特点是对温度敏感，不同的温度下表现出不同的电阻值。

正温度系数热敏电阻器（PTC）在温度越高时电阻值越大，负温度系数热敏电阻器（NTC）在温度越高时电阻值越低，它们同属于半导体器件。

湿度传感器主要用于探测室内、室外环境湿度。湿敏元件是最简单的湿度传感器。湿敏元件主要有电阻式、电容式两大类。湿敏电阻的特点是在基片上覆盖一层用感湿材料制成的膜，当空气中的水蒸气吸附在感湿膜上时，元件的电阻率和电阻值都会发生变化，利用这一特性即可测量湿度。湿敏电容一般是用高分子薄膜电容制成的，常用的高分子材料有聚苯乙烯、聚酰亚胺、酪酸醋酸纤维等。当环境湿度发生改变时，湿敏电容的介电常数发生变化，使其电容量也发生变化，其电容变化量与相对湿度成正比。

2. 烟雾传感器

烟雾探测器是主要响应燃烧或热解产生的固体、液体、微粒、即烟雾粒子的探测器，主要用来探测可见或不可见的燃烧产物及起火速度缓慢的初期火灾。可分为离子型、光电型、激光型和红外线束型四种。

3. PM2.5 粉尘传感器

粉尘传感器一般采用光学方式进行测量，其工作原理是光照射粒子时，不同尺寸和浓度的粒子会有不同的散射图像，通过散射光分布的检测就能测量粉尘浓度的具体情况。

4. 可见光传感器

可见光传感器主要用于测量室内可见光的亮度，用于调整室内亮度。传感器将光信号转化为电信号输出。通过传感器的检测和驱动控制可实现室内光线充裕时，预设灯具开关主动闭合；而室内光线不足时，预设灯具开关可主动开启。

5. 热释电红外传感器

它可把波长 $10\mu m$ 左右的红外信号转化为电信号，当没有人体移动时，感应器检测到的只是场所的背景温度，如果有人体进入探测区，通过菲涅尔透镜，感应器探测到的是人体温度和背景温度的差异值。热释电红外传感器可广泛用于自动报警装置、感应水龙头、自动冲水马桶、自动照明和自动窗帘等。

6. 气敏传感器

现如今，空气质量越来越成为人们关心的问题，因此无线气体传感器吸引了越来越多厂商的兴趣。气敏传感器可以检测空气中特殊气体的成分含量，传感器利用声表面波速和频率与外界环境变化有正相关特性原理制作，即当气敏膜与待测气体相互作用，使气敏膜的膜层质量与导电率发生变动，引发压电晶体声表面的波频率产生漂移；气体浓度变化，膜层质量和电导率也发生变化。通过探测声表面波频率改变就可以准确的反应气体浓度的变化。

7. 声音传感器

声音传感器主要用于测试室内声音，达到声控的效果。具体地说就是用一个小弹片来感应声音并通过一个继电器把声音信号转换成电信号，在声音足够大的时候电信号也足够大，这时候的电信号就传到开关的触头上，来使电路接通或者断开。

现在智能家居中的传感器基本都是集成传感器，集成传感器是利用集成电路工艺将半导体敏感元件、测量处理电路集成在一个芯片上制成的性价比高、使用方便的小型化传感器。

智能家居 MEMS 传感器发展趋势如下：

智能家居遐想

1）采用敏感结构和检测电路的单芯片集成技术，避免多芯片组装时引脚引线引入的寄生效应，改善器件的性能，提高了抗干扰能力。微电子和微机械加工技术制造出来的微型传感器由于采用了系统级封装方式，与传统传感器相比，具有体积小、质量轻、成本低、功耗小、可靠性高、适于批量化生产、易于集成和实现智能化等特点，在智能家居中已经起到决定系统的部分。

2）在智能家居应用中，传统的与总线相连的传感器价格昂贵，传感器组网的成本较高，在一些区域布线困难，且不同类型的传感器和控制系统的软硬件之间协议不兼容。因此，随着无线传感器网络技术的发展与成熟，无线传感器网络产品开始凭借自身独特的优势，逐步替代传统有线传感器产品，并渗入到智能家居领域的各个环节。

第 4 章
全球视角下的 MEMS 产业布局

      MEMS 产业曾是美国、欧盟、日本三分天下之势，且各有千秋。美国以军（用）促民（用），具有无可比拟的 MEMS 技术综合实力；日本则在汽车电子用 MEMS、机器人用 MEMS 等方向能力突出；欧盟在汽车电子用 MEMS、消费电子用 MEMS 占有重要的市场份额。

4.1　全球 MEMS 产业分布详解

4.1.1　美国

美国是 MEMS 技术、产品和产业的发源地，其 MEMS 发展水平全球领先。美国在发展 MEMS 方面，充分发挥了军、政、产、学、研的协同效应。

美国 2016 年、2017 年、2018 年 MEMS 产业规模分别为 12.6 亿美元、14.5 亿美元、16.1 亿美元（估算）。

4.1.1.1　国防

美国 DARPA（国防高级研究计划局）是进行军用 MEMS 研究项目的计划组织和推动机构。美国军方推出的 HI-MEMS 计划中，将 MEMS 器件作为昆虫仿生的重要领域。从 20 世纪 90 年代以后，美国开始在军用产品中推广使用 MEMS 技术和产品。

案例

HI-MEMS，即昆虫微机电系统（The Hybrid Insect Micro-Electro-Mechanical Systems）。

该计划是，将一个小型的生物 MEMS 芯片放入幼虫中。之所以选择早期植入，目的是利用发生在昆虫发育阶段的自然愈合机制，从理论上提高昆虫体内 MEMS 芯片系统的稳定性。理论上讲，当幼虫经历蜕变并重新组织其神经系统时，

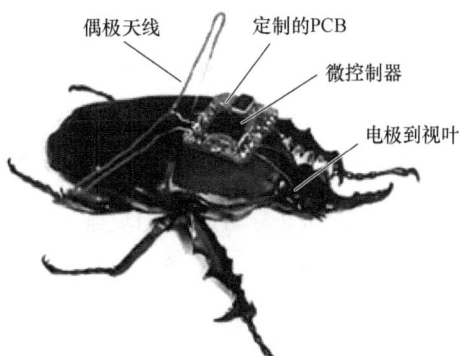

它将会以一种人类可以将信号传递给芯片并控制昆虫行为的方式与电路整合。有多个研究小组同时在为这个项目工作，之前密歇根大学的研究小组曾成功地演示了如何遥控一只飞蛾，但加利福尼亚大学伯克利分校

的这个小组的成绩无疑更为出色，他们可以控制甲虫起飞、落地、在空中盘旋，他们甚至可以通过刺激甲虫前上侧的肌肉来控制甲虫在空中的盘旋方向。

4.1.1.2 政府

美国政府为了支持 MEMS 的发展，适时推出了各种促进 MEMS 发展的应用规定，譬如美国政府 2007 年要求所有汽车采用轮胎压力监测系统（TPMS）和电子稳定控制器（ESC）等，加大 MEMS 产品在汽车中的推广力度。2014 年，美国提出了对未来制造业产生影响的 5 项颠覆性技术，分别为 3D 打印、纳米材料、下一代机器人、物联网（先进传感器）和人工智能。其中先进传感器是 MEMS 的主要应用。

	对美国未来制造业影响的5项颠覆性技术	预计2025（万亿美元）
1	3D打印 Additive Manufacturing (3D printing)	0.2~0.6
2	纳米材料 Advanced materials (Nanomaterials)	0.2~0.5
3	下一代机器人 Next Generation Robotics	1.7~4.5
4	物联网 (先进传感器) The Internet of Things (Advanced Sensors)	2.7~6.2
5	人工智能 Automation of knowledge work (Pervasive Automation)	5.2~6.7

4.1.1.3 高校

20 世纪 60 年代，斯坦福等大学就从事 MEMS 领域的研究开发工作，佐治亚理工学院和美国加利福尼亚大学洛杉矶分校等众多美国大学几乎都建立了自己的 MEMS 工艺生产线。美国麻省理工学院、斯坦福大学、加利福尼亚大学伯克利分校、凯斯西储大学等还开发了用于 MEMS 研究的设备、仪器等，以支撑其技术研究。各学校一边研究探索，同时也相互不断进行技术与业务的交流，并与产业界组建成联盟，促进 MEMS 技术及时转化成 MEMS 产品。

机构

伯克利传感器中心（Berkeley Sensors and Actuators Center，BSAC）是由美国国家科学基金会、公司、政府机构联合资助的合作研究中心。成立于1986年，一直致力于研究 MEMS 传感器。他们在加利福尼亚州大学伯克利分校的微型制造实验室制造了研究 MEMS 传感器所需的大部分设备。

该实验室已累计完成了800个 MEMS 项目研究，另有70个项目正在研究中，包括了无线射频 MEMS、射频 MEMS、生物 MEMS、纳米材料等方向。

4.1.1.4 产业

目前美国主要的 MEMS 公司有德州仪器（TI）、ADI、飞思卡尔、楼氏电子（Knowles）、Si Time、惠普、IMT、Silicon Micro structures（SMI）、GE Infrastructure Sensing 等。大部分半导体制造公司同时具有 MEMS 生产加工的业务。

20 世纪 90 年代初，ADI 公司研制出了低成本集成硅微加速度传感器，用于汽车气囊。当前，美国朗讯公司开发的基于 MEMS 光开关的路由器已经试用，预示着 MEMS 发展又一高潮的来临。美国 MEMS 企业研制的 MEMS 器件率先实现了产业化，如微型加速度计、微型压力传感器、数字微镜器件（DMD）、喷墨打印机的微喷嘴、生物芯片等，并且应用领域十分广泛。从美国公司新近推出的 MEMS 产品来看，其技术正在向生物神经信号提取、大脑神经元信息获取和控制、3D 环境识别、分子级化学成分识别、模拟动物及人的五官和四肢能力等方向发展。

4.1.2 日本

日本在 MEMS 领域具有与美国相当的实力。在全球前 10 名 MEMS 巨头中，日本占有 4 席，数量与美国一样，但其企业规模稍逊。2015 年全球排名前 30 的 MEMS 企业，其中包括了 10 家日本厂商。特别值得一提的是，日本企业在汽车用 MEMS、机器人用 MEMS 领域具有全球领先地位。

日本 2016 年、2017 年、2018 年 MEMS 产业规模分别为 7.9 亿美元、8.7 亿美元、9.5 亿美元（估算）。

4.1.2.1　政府

日本政府自 2006 年起，在国家层面启动了面向 MEMS 制造相关基础技术的研究项目，并将 MEMS 系统确定为能够强化日本产业竞争力的重要技术。

2007 年夏季，日本文部省推出了"尖端融合领域革新创造基地的形成计划"。

2008 年日本经济产业省推动了"BEANS 项目"和"梦幻芯片开发项目"。其中，BEANS 项目致力于在 2008 ～ 2012 年的 5 年内将生物科技和纳米功能融入 MEMS 技术。总的来看，日本政府主要致力于发展进入工业狭窄空间的微机器人、进入人体狭窄空间的医疗微系统和微型工厂。

4.1.2.2　高校

2009 年，由日本高校牵头的 JMEC（Japan MEMS Enhancement Consortium）成立，这是一个定位为国际性的开放式产政学协作的 MEMS 研发机构。筑波大学牵头承担了 JMEC 的建设和运营任务，JMEC 落户在筑波大学与日本产业综合研究所、物质材料机构共同组建的筑波纳米科技基地内。

筑波纳米科技基地是日本经济产业省及文部科学省投资 361 亿日元设立的纳米科技及 MEMS 相关研究场所。JMEC 的主要任务就是研究 MEMS，并培养相关人才。在尖端研发方面，JMEC 瞄准于早期研究课题，以及那些由企业单独承担风险极高的研究课题。一旦 JMEC 在课题开发上取得重大突破，则相关成果将会作为创业企业独立出去运营；因此某种意义上讲，JMEC 既是 MEMS 技术开发机构，也是 MEMS 新创企业的孵化器。在设计试制服务方面，JMEC 弥补了市场上 MEMS 代工企业只承接大批量加工任务的不足，向 MEMS 创业企业提供少量多次的试制服务，帮助创业企业快速研制产品、开展业务。

JMEC 成功地将元器件厂商、装置及材料厂商、设计工具提供商和汽车、机器人、电机厂商以及其他大学、公立实验研究机构等团结在一起，成为日本 MEMS 技术和产品的创新源泉。

4.1.2.3　产业

日本拥有 MEMS 厂商 100 多家，其中有 10 家进入了全球排名前 30，包括电装（Denso）、松下（Panasonic）、佳能（Canon）、旭化成（Asahi Kasei Microdevices）、村田（Murata）、阿尔卑斯电气（Alps Electric）、罗姆（ROHM）、索尼（Sony）、欧姆龙（OMRON）和爱普生（Epson）等。

人物

日本 MEMS 之父：杉山进教授

杉山进于 1997 年加入日本立命馆大学，创立了 MEMS 加工实验室。他带领丰田中央研究所半导体研究所的科学家和技术人员第一次把 CMOS 和 MEMS 传感器集成起来，发明了第一代用于汽车安全气囊的加速度传感器，开拓了 MEMS 产业化的时代。正是基于速度传感器的汽车安全气囊，成功挽救了无数遭遇车祸的驾驶员和乘客；而作为丰田汽车安全气囊传感器的发明人，杉山进教授成了日本 MEMS 技术的先驱、开拓者和领军人物。

4.1.3　欧洲

在欧洲，MEMS 通常也被称为微系统（Micro-systems）。欧洲拥有超过 100 家的 MEMS 芯片研发和生产机构，从事 MEMS 研究的技术人员近万人，并拥有世界一流的 MEMS 研发基地和环境设施。

德国 2016 年、2017 年、2018 年 MEMS 产业规模分别为 5.6 亿美元、6.4 亿美元、6.8 亿美元（估算）。

4.1.3.1　政府

德国在 2010 年 7 月将 MEMS 列入十大未来项目之一，并于 2013 年提出了对全球产生深远影响的"德国工业 4.0"。

热点

德国"工业 4.0"

在德国工程院、西门子和博世两大公司和产业界的建议和推动下，

2013 年德国正式推出《工业 4.0 战略》。其实，德国工业 4.0 与 MEMS 也是紧密相关。其核心内容包括：一个网络（物联网系统 CPS）、两大主题（智慧工厂和智能生产）、三项集成（企业间横向集成、生产系统纵向集成、端对端的集成）、四大技术前提（标准化和参考架构、有质量保障的网络服务、微电领域的研发、部件间无障碍互通）等方面。其中，MEMS 工艺和器件即是德国工业 4.0 的四大技术前提之一"微电"，事实上 MEMS 工艺和器件是上述物联网系统、智能生产、端对端的集成等环节不可或缺的组成部分。

4.1.3.2 机构

欧洲拥有全世界在集成电路领域最先进的独立研究机构，那就是位于比利时的 IMEC。IMEC（Inter-university Microelectronics Centre，欧洲高校微电子研究中心联盟）以国际性开放式政、产、学、研协作研发为发展目标，从事包括 MEMS 在内的最先进集成电路工艺的开发和专用半导体设备的研制。

机构

IMEC 让比利时小城鲁汶声名远播，特别是从事集成电路行业的人更是无不知晓。鲁汶市中心的面积不足 $9km^2$，这样一个小得不能再小的城市里却拥有世界著名的、水平最高的第三方微电子研究中心，是集成电路行业的奇迹。1984 年，比利时政府一次性投入了相当于 6200 万欧元的比利时法郎建立了非营利组织 IMEC。今天，IMEC 已成为欧洲最大的微电子、信息及通信的研发中心，每年研发投入近 20 亿欧元。IMEC 的 MEMS 工艺能力非常突出，尤其是在视觉、加速度及压力等方面的 MEMS 传感器工艺，更是处于十分先进的水平。

4.1.3.3 产业

欧洲拥有众多 MEMS 巨头，譬如博世、意法半导体（ST）、英飞凌等，其他 Silex、VTI 、Onion MEMS A/S、Measurement Specialties（MSI）、Colliery、Escapement 等公司也非常优秀。其中，Silex 是全球最大的纯 MEMS 代工企

业，总部位于瑞典斯德哥尔摩，此前已被我国上市公司耐威科技控股并购。

4.2　知名 MEMS 企业概览

4.2.1　博世（Bosch）

公司总部：德国。

相关产品：惯性、环境、智能、光学、声学传感器 5 大类。

应用领域：汽车电子、消费电子、家用电器

行业地位：2016 年全球第一，MEMS 相关业务收入 11.6 亿美元。

1886 年，博世创立，全名为罗伯特·博世有限公司（Robert Bosch Gm-bH），总部位于德国格尔林根。博世是德国最大的工业企业之一，从事汽车技术、工业技术和消费品及建筑技术相关产业。

博世于 2005 年组建了传感技术部门，为全球消费类电子市场提供全系列的 MEMS 传感器解决方案，开发并销售用于智能手机、平板电脑、可穿戴装置及各种物联网产品的各种 MEMS 传感器、解决方案和系统。博世只用了十多年时间，就迅速发展成为 MEMS 市场的技术领导者。

> **热点**
>
> 博世是汽车电子用 MEMS 的开拓者。
>
> 汽车安全并非靠的是钢板强度，更需依靠 MEMS 技术水平。
>
> 博世虽然 2005 年才组建 MEMS 部门，但 1988 年博世就研制出了首款 MEMS 产品，并且之后几乎所有的 MEMS 产品均被其汽车电子业务部消化，广泛应用在包括 ABS、ESP、安全气囊等被人熟知的汽车安全功能中。因此，博世可以说是欧洲汽车颇佳安全口碑的背后英雄。

在产品组合上，博世自身是按照整合性与功率表现来规划 MEMS 产品，其产品系列分为应用于传感器节点的高整合/高功率 MEMS 传感器，用于穿戴式装置的高整合/低功率型传感器，搭载于物联网标签的单一元件/高功率型传感器，以及智慧开关用单一元件/高功率型传感器。其中，高整合型从单轴发展到 3 轴、6 轴，乃至于 9 轴，功率高低则与具备无线通信功能有关。据了解，全球 50％ 以上的智能手机中都内置有博世 MEMS 传感器。

在产品线布局上，博世拥有完整的 MEMS 产品线，共五大类别。

第一个类别是惯性传感器，包括从加速度传感器、陀螺仪、电子传感器，到惯性测量单元、电子罗盘，再到 9 轴完整解决方案。

第二个类别是环境传感器，包括气压传感器、湿度传感器，以及多合一整合环境传感器。

第三个类别是智能传感器，主要是传感器节点和智能中枢产品。

第四个类别是光学传感器。

第五个类别是声学传感器。

在竞争策略上，博世主要遵循三个策略，以保持其在 MEMS 行业的领先地位。第一，将 MEMS 的尺寸和功耗降得更低，持续缩小传感器占位面积；第二，提升 MEMS 的整合集成度，将微控制处理器、多轴传感器和软件集成于组合封装中，并提供优化的算法，让客户得以快速应用；第三，根据 MEMS 传感器的不同类别，持续发展新型传感器集群。

归功于博世的上述竞争策略，近年来其从汽车电子杀入消费电子成绩斐然。2017 年，博世直接为苹果 iPhone 8 和 iPhone7S 提供了一半的 MEMS 惯性传感器，直接打破了美国应美盛公司长期对苹果手机惯性传感器的垄断。此外，博世也成功成为 iPhone 的气体传感器供应商。

4.2.2 意法半导体（ST）

公司总部：瑞士。

相关产品：MEMS 传感器，包括加速度传感器、陀螺仪、数字罗盘、惯性模块、压力传感器、湿度传感器、智能传感器、Sensor Hub、温度传感器和触摸传感器。

应用领域：通信、汽车电子、工业电子。

行业地位：2016 年全球第四，MEMS 相关收入 6.30 亿美元。

1987 年，意大利 Società Generale Semiconduttori（SGS）Microelettronica

公司与法国汤姆逊（Thomson）公司半导体分部 Thomson Semiconducteurs 合并组建 SGS-THOMSON。1998 年 5 月，汤姆逊公司撤股，SGS-THOMSON 更名为意法半导体（ST Microelectronics）。

1998 年，意法半导体开始开发 MEMS 产品。意法半导体在 MEMS 技术方面的率先突破，使 MEMS 在全球的广泛应用成为可能。举例来说，在意法半导体之前，陀螺仪只能实现单轴，因此在实际应用中要使用多个陀螺仪，高成本和大尺寸导致无法真正应用。意法半导体率先开发出了 3 轴陀螺仪，并用 5 年时间将 3 轴陀螺仪器件尺寸从 7mm × 5mm 降低到 2mm × 2mm。在生产工艺方面，意法半导体在全球率先采用了 TSV 通孔技术，实现了 3D 硅片堆叠，显著降低了器件尺寸。

意法半导体的三个里程碑：

1）2002 年 11 月 4 日，美国客户把意法半导体的加速度传感器应用在了洗衣机里推动意法半导体的 MEMS 产品开始真正实现了商业化。

2）2006 年 5 月 6 日，日本任天堂公司发布的 Wii 游戏机中采用了意法半导体的加速传感器，真正推动了意法半导体的消费级 MEMS 产品量产。

3）2010 年 6 月 6 日，美国苹果公司发布了 iPhone 4，乔布斯自己亲自演示了陀螺仪的应用：一个积木塔。这是来自意、法半导体的技术产品，为 MEMS 在智能终端的应用推开了另外一扇。在 MEMS 加速度传感器已经得到普及的背景下，意、法半导体实现了 MEMS 陀螺仪全面普及，此后两者结合形成了著名的 IMU（惯性传感器）。

热点

意法半导体是消费电子用 MEMS 的开拓者。

2005 年，意法半导体建成了 8in MEMS 特色工艺生产线，形成了全球最具经济效益的 MEMS IDM 能力，这为其降低产品成本、开拓几乎无限的消费类市场奠定了基础。意法半导体只用了 5 年时间，就将 2006 年主流的压电陀螺仪产品打落尘埃。2011 年意法半导体的 MEMS 陀螺仪独占全球陀螺仪市场的 60%，其余 20% 由其他厂商的 MEMS 陀螺仪占领，另外 20% 为压电陀螺仪产品。

4.2.3 德州仪器（TI）

公司总部：美国。

相关产品：湿度传感器、气体/化学感应、光学感应、压力感应、超声波感应、电流感应等。

应用领域：汽车电子、消费电子、通信设备、家用电器。

行业地位：2016 年全球第三，MEMS 相关收入 7.87 亿美元。

德州仪器（Texas Instruments，TI）正式成立于 1951 年，是一家位于美国德克萨斯州达拉斯的跨国公司。

德州仪器以开发、制造、销售半导体和计算机技术闻名于世，是世界上最大的模拟电路技术部件制造商之一。它是全球领先的半导体跨国公司，近年来是仅次于英特尔、三星的世界第三大半导体制造商，也是仅次于高通的第二大移动终端芯片供应商。除了提供模拟技术、数字信号处理（DSP）和微处理器（MCU）半导体以外，德州仪器还设计制造了用于模拟和数字嵌入及应用处理的半导体解决方案。

趣闻

德州仪器最早并不做集成电路这一领域。

早在 1930 年，美国 J·克莱伦斯·卡彻和尤金·麦克德莫特创建了地球物理业务公司（Geophysical Service Incorporated，GSI），专门为石油工业提供地质探测服务。该公司通过对地震信号进行独特的处理来寻找石油。GSI 在地质信号处理上积累了大量经验，并在二战期间帮助美国海军制造设备，导致 GSI 下属的信号部门功高盖主，成为公司的支柱产业，直至 1951 年改名 TI。

其实，从 1930 年的地震信号，到 1951 年的模拟电路，德州仪器其实还是"不改初心"，一直在做信号处理。

在产品布局上，德州仪器拥有由约 45000 种模拟电路产品及客户设计工具组成的产品组合。其中，德州仪器在基于移动反射数字光处理设备的 MEMS 技术处于全球先进水平。

汽车芯片及解决方案是德州仪器销售收入的重要组成部分。2016 年,德州仪器的汽车芯片及解决方案业务为其贡献了营收收入的 18%,与 2014 年的 13% 相比处于稳定增长趋势。2017 年 5 月 19 日,德州仪器宣布推出全新毫米波单芯片 MEMS 传感器产品组合,横跨具有完整端到端开发平台的 76~81GHz 传感器的两大产品系列。这两款 AWR1x 和 IWR1x 的 MEMS 传感器产品组合,与市场上已有毫米波解决方案相比,理论上能提供高达 3 倍的感测精度。这两款传感器具备高度集成、产品系列全面、高度智能化、环境灵活性等特点,利用德州仪器全新的毫米波软件开发套件(SDK),通过不到 20 个的简单应用编程接口(API)简化射频设计,外部工程师可以在不到 30min 开始他们的应用设计工作。外部设计人员不但可以提高先进驾驶辅助系统(ADAS)和自主驾驶的安全特性,而且基于此还可实现自动泊车辅助、行人探测,以及承载率和驾驶员监控等全新特性。

在我国,德州仪器于 2010 年组建了德州仪器半导体制造(成都)有限公司,这是其在我国设立的第一个集成电路生产制造基地。这是一条 8in 集成电路生产线,可为德州仪器新增 2.3 万 m^2 的生产面积,每年带来约 10 亿美元的模拟芯片制造产能。

4.2.4　英飞凌(Infineon)

公司总部:德国。

产品类型:压力传感器、磁传感器、气体传感器、MEMS 麦克风等。

应用领域:汽车电子、消费电子、工业电子。

行业地位:2016 年排名第十三,MEMS 相关收入 3.53 亿美元。

英飞凌公司于 1999 年 4 月 1 日在德国慕尼黑正式成立,是全球领先的半导体公司之一。其前身是西门子集团的半导体部门,2000 年上市。其最初的中文名称为亿恒科技,2002 年后更名为英飞凌科技。英飞凌在全球拥有约 5 万名雇员,平均每年投入销售额的 17% 用于研发,全球共拥有超过 41000 项专利。

英飞凌专注于汽车电子、工业功率器件、芯片卡和安全应用提供半导体和系统解决方案。英飞凌的产品素以高可靠性、卓越质量和创新性著称，并在模拟和混合信号、射频、功率以及嵌入式控制装置领域掌握尖端技术。汽车电子、工业功率控制、智能卡与安全和电源管理及多元化是英飞凌的四大事业部门，2017 年这四大部门的营收分别达到了 29.89 亿欧元、12.06 亿欧元、7.08 亿欧元和 21.48 亿欧元，为公司的业绩增长提供了强劲的动力。

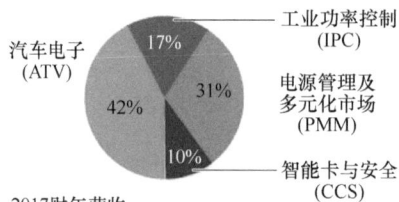

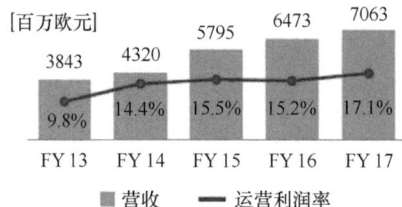

英飞凌的产品往往具有杰出的创新性。例如，传统的 MEMS 麦克风的效能对系统功效造成了限制，即当好几个人同时说话时，语音来源的准确性和位置无法被精准辨识，也无法与物体所发出的杂音作分离。英飞凌则通过参股英国 XMOS 公司，研制出了结合了雷达、MEMS 麦克风传感器以及 XMOS 音频处理器的崭新解决方案，透过音频波束成型加上雷达目标存在侦测技术，提供远场语音撷取功能，确保各种广泛的语音控制装置能够进行最理想的声音辨识，完美无瑕地执行数字语音协助功能，特别适合智能家庭、智能电视与机顶盒、安全无钥匙门禁系统，及其他通过语音操作的消费性装置。

具有非常完整的汽车电子产品线，其中多个产品使用到了业内顶尖的 MEMS 传感器技术。

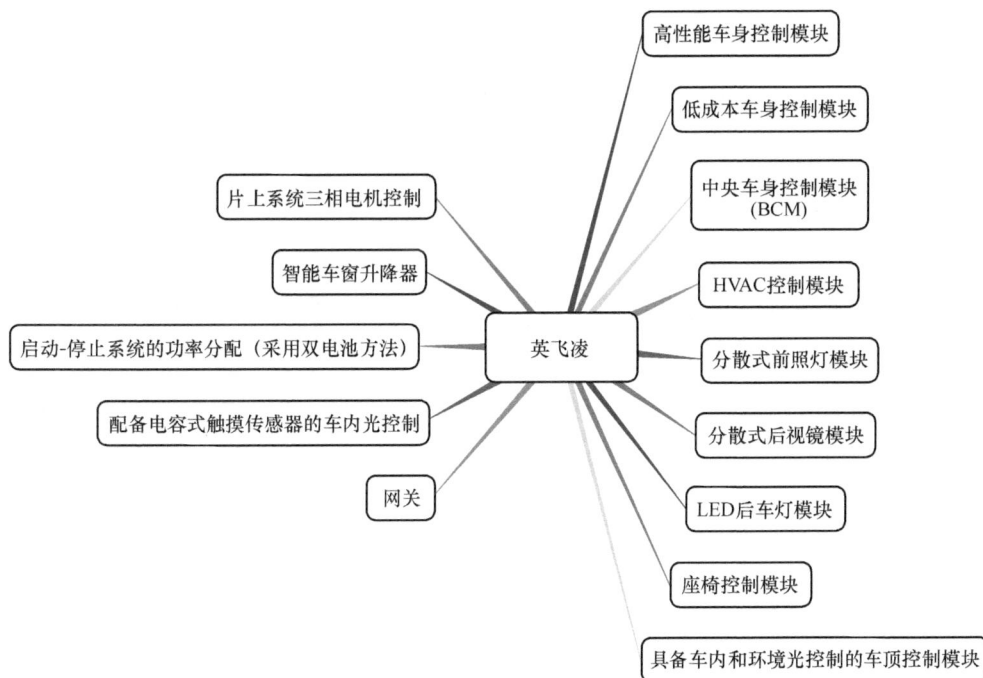

4.2.5　楼氏电子（Knowles）

公司总部：美国。

相关产品：基于 MEMS 的麦克风。

应用领域：智能手机、平板、电脑等消费电子。

行业地位：2016 年全球第七，MEMS 相关收入 4.21 亿美元。

楼氏电子（Knowles Electronics）成立于 1946 年，是以公司创始人 Hugh Knowles 命名的。这是一家以应用为基础的致力于开发面向助听器和 MEMS（微机电系统）麦克风与扬声器的制造商。其总部位于美国伊利诺伊州的艾塔斯卡（Itasca），全球员工超过 1 万名，在欧洲、亚洲和北美均有技术研发中心。

产品布局方面，楼氏电子一直以来都是麦克风传感器领域的王者。今天包括苹果、三星、乐视、小米等手机产品中的麦克风传感器芯片绝大部分由其生产。1947 年楼氏电子开发出了全球第一款晶体管式微型麦克风。1969 年，在美国阿波罗 11 号飞船升空后，宇航员尼尔·阿姆斯特朗从月球发表的讲话正是使用了楼氏电子的声学设备进行放大。楼氏电子最初只是生产助听器设备，但这个市场空间有限，真正让楼氏电子的产品覆盖全球还是智能手机时代的到来，其凭借老牌麦克风制造商的口碑和技术实力，得到了巨大的发展。过去很长一段时间，消费电子产品基本上都是使用ECM（驻极体电容器）麦克风，这种设备体积庞大，声音降噪能力弱，不能给手机等产品带来轻薄以及优质的通话体验。1996 年，楼氏电子建立了电容器集成在微硅晶片上的微型机电控制系统 MEMS 系统，用集成电路替代了有统治麦克风领域数十年之久的 ECM，并在 2003 年开发出了革命性的第二代麦克风元器件。楼氏电子的 MEMS 麦克风产品，相对于传统 ECM 产品，具有噪声消除性能好，温度范围更宽、可扩展性高和声音品质好、品质一致性高、体积小、产品稳定性更好，以及便于自动化生产等优点。

楼氏电子在麦克风领域一统天下，成为一个传奇。2003 年，楼氏电子率先将 MEMS 麦克风出货给日本手机公司京瓷，同年，摩托罗拉在其超薄手机 RAZR 中使用楼氏电子的 MEMS 麦克风，两年内即销售了 5000 万部，这对楼氏电子的 MEMS 麦克风业务起到了极大的促进作用，也帮助 MEMS 麦克风这一技术路线奠定了全球市场基础。此后楼氏电子的 MEMS 麦克风开始渗透到了全球消费电子领域。2005 ~ 2009 年，全球 MEMS 麦克风出货量为 12 亿 ~ 13 亿颗，几乎全部出自楼氏电子；2010 年，苹果公司开始在iPhone 4 和 iPad 2 上使用了 MEMS 麦克风。2012 年，MEMS 麦克风出货量达到 20.6 亿个，实现了三年 5 倍的惊人增长。在 2011 ~ 2013 年仅仅两年的时间，楼氏电子的 MEMS 麦克风暴增了 30 亿件，总数量在 2013 年达到了 50 亿件。楼氏电子 2015 年的营收为 10 亿美元，营业收入占整个 MEMS麦克风市场近 60%。全球每天有 10 亿人在使用其生产的 MEMS 麦克风。

技术是楼氏电子的主要优势。楼氏电子不但具备 MEMS 芯片封装技术，也具有自行设计 MEMS 芯片架构的卓越能力。其先发优势导致的规模优势，也使其具有成本上的显著竞争优势。近年来，楼氏电子主要从两个技术路径确保其竞争优势：一是通过推出软件和信号处理相结合的全集成音频解决方案，将自身从部件制造商转变成为音频解决方案供应商；这些解决方案包括智能、随时监听麦克风和名为 Versant 的语音技术，能够在大风或人声鼎沸的嘈杂环境中优化用户的语音体验。二是研制更小尺寸、更高性能的产品以及尖端的音频解决方案，将其 MEMS 麦克风产品从传统的消费电子，广泛地拓展到智能手机、可穿戴设备、可听设备、平板电脑、笔记本电脑及物联网领域中。

4.2.6　应美盛（InvenSense）

公司总部：美国。

产品类型：惯性传感器、温度传感器、压力传感器、加速度计。

应用领域：移动终端、汽车电子、工业电子。

应美盛是一家较为年轻的、全球领先的 MEMS 运动传感器供应商，成立于 2003 年 6 月，总部位于美国加利福尼亚州圣何塞，是美国纽约证券交易所上市公司。

应美盛是 MEMS 陀螺仪技术开拓者。长期以来，陀螺仪成本高、体积大、结构脆弱，其性能与消费电子的需求正好相反，因此无法适用于电子产品的主流市场，因此陀螺仪的市场空间难以爆发性增长。应美盛针对移动电子产品的技术特性，开发出了多轴角速度陀螺仪。2006 年，应美盛发布了高效能的双轴陀螺仪。2007 年，应美盛发布了单芯片两轴陀螺仪。基于 3 轴陀螺仪和 3 轴加速度计，应美盛研制了 6 轴 MEMS 惯性传感器，成为全球 MEMS 运动处理技术的主要企业之一。

通过收购进入 MEMS 麦克风领域。2013 年 10 月，应美盛和美国 ADI 公司宣布，应美盛收购 ADI 公司的所有 MEMS 麦克风业务，包括知识产品、商标和其他有形和无形资产。该项收购加速了应美盛的音频产品路线图，为移动、游戏和可穿戴设备客户补充 MEMS 产品系列，同时获得进入新市场的机会。

应美盛的技术优势还是体现在 MEMS 惯性传感器上。一是曾率先推出全球首款 7 轴运动传感器。该款产品是基于其成功的 6 轴运动传感器技术，在其中又添加了一个新的压力传感器。目前看，7 轴运动传感器可在智能无人机市场（也是广义物联网的一部分）得到应用，可帮助无人机改善起飞和降落，并可通过精准高程控制改善无人机在盘旋时的稳定性，因此有

显著的市场竞争力，预计可成为全球智能无人机的标配。二是其成熟的 6
轴运动传感器产品，可用于腕带式可穿戴设备。该款产品合成了 3 轴
MEMS 陀螺仪传感器和 3 轴 MEMS 加速度传感器，采用了应美盛最新的软
件栈，可改善腕带式可穿戴设备的计步和活动类别（步行、跑步、骑行、
静坐）。

评论

被收购，是偶然，也是必然。

2016 年底，TDK 宣布以 13.3 亿美元收购应美盛；TDK 希望借助应
美盛的 MEMS 技术帮助其完成从移动市场到物联网的转型。

应美盛是 MEMS 惯性传感器领域的王者，从其长期霸占苹果 iPhone
的独家供应商即可见一斑。然而，苹果 2017 年引入博世作为其 MEMS 惯
性传感器供应商后，应美盛股价几遭腰斩。究其根本原因，主要还是应
美盛产品单一导致抗市场风险能力有限，这与博世、英飞凌、德州仪器
等巨头动辄数千种传感器的丰富产品组合相比，显得赢弱太多。因此，
其被 TDK 并购，亦是其发展的必然。

4.2.7 电装（Denso）

公司总部：日本。

相关产品：温度传感器、曲轴位置传感器、轨压传感器。

应用领域：汽车电子。

行业地位：2016 年全球第八，MEMS 相关收入 4.02 亿美元。

日本电装株式会社最初是日本丰田汽车工业株式会社旗下的一个零部
件工厂。1949 年 12 月，电装从丰田集团独立出来，在日本爱知县刈谷市
成立了"日本电装株式会社"，开始运营，初始资金 1500 万日元，员工
1445 名。

电装为汽车电子系统制造压力传感器加速度传感器，特别是应用于加
速度传感器的先进 MEMS 技术也用于安全系统，如安全气囊、车辆稳定性
控制系统、防抱死制动系统。目前，电装已成为日本排名第一、世界顶级

的汽车零部件供应商集团公司，是全球将 MEMS 技术率先用在汽车电子传感器的开拓者之一。其在 MEMS 空调侦测以及针对连续变速传动系统的压力计产品领域占据全球主导位置，同时也是欧洲主要 OEM 的气体压力传感器供应商。

2012 年，电装开发出了一款应用于大发的汽车智能驾驶辅助系统的激光雷达传感器（Lidar），是其首款应用于日本紧凑型轿车市场的主动安全产品。2013 年 2 月，电装开发出了一款行人碰撞检测传感器，这款传感器可安装于弹出式发动机罩上（Pop - up Hood）。新的传感器能够更精确地检测车辆与行人之间的碰撞，使弹出式发动机罩的运作更精确。丰田皇冠混合动力汽车上已经配备了这款弹出式发动机罩。弹出式发动机罩的设计是为了减少行人与车辆碰撞时头部所受的伤害，当碰撞发生时，行人碰撞检测传感器向空气气囊控制单元发送信息，使发动机罩弹出，在发动机罩和行人间创造一个缓冲地带。2016 年，为提高紧凑型轿车的安全性，开发出了一款小型立体视觉传感器。这款传感器是全球尺寸最小的车用立体视觉传感器，应用于第Ⅲ代智能驾驶辅助系统。该款立体视觉传感器利用并行排列的一对摄像头，更精确地测量汽车与目标物体之间的距离，以增强自动驾驶紧急制动系统的作用，避免车辆与其他车辆或行人发生碰撞事故，同时也能增强车道偏离警示系统和自动远近光切换系统，实现车辆前照大灯的远/近光自动切换，使驾驶员在夜间获得更佳的视野。电装目前大力研发自动驾驶相关技术，迫切地想要增强现有的技术实力。2016 年 4 月，电装已与 NEC 合作开发了自动驾驶系统的微型控制器。

4.2.8　松下（Panasonic）

公司总部：日本。

相关产品：信号类传感器、电源类传感器、图像传感器。

应用领域：安防监控、办公用品、消费电子。

行业地位：2016 年全球第十一，MEMS 相关收入 3.33 亿美元。

日本松下集团创建于 1918 年，总部位于日本大阪府门真市，是全球性电子厂商，经营范围涉及家电、数码视听电子、办公产品、航空等诸多领域产品。松下电器半导体有限公司是全球首屈一指的半导体供应商，提供尖端半导体解决方案及软件。日本是 in-dash 导航陀螺仪领域的龙头厂商，也是 ESC 系统所需陀螺仪的主要制造者之一（仅次于博世）。

2005 年年底，松下研制出了运用了 MEMS 技术的超尖端产品——3 个超小型器件系列。新产品包括世界上首次量产成功的米粒大小的 MEMS 继电器"ME－X"、静电容量式单轴加速度传感器"GS1"、压电阻式 3 轴加速度传感器"GS3"。

2016 年 7 月，松下开发出了面向工业机器人及服务机器人等的行走控制及姿势控制用途的"动作传感单元"。通过配备采用硅 MEMS 检测元件的陀螺仪传感器及加速度传感器，并导入自主开发的算法，实现了高精度的姿势信息及位置信息检测。此次的传感单元可实现组合 X、Y、Z 方向的 3 轴旋转运动和 3 轴直进运动的 6 轴检测，无论按照纵、横、倾斜哪一方向来安装，均可检测复杂的运动。另外，还凭借自主开发的算法，消除了陀螺仪传感器和加速度传感器的缺点，同时实现了高速响应和高精度检测。

4.2.9　亚德诺半导体（ADI）

公司总部：美国。

相关产品：加速传感器、陀螺仪、惯性传感器、磁场传感器、温度传感器。

应用领域：工业电子、汽车电子、航空航天、通信。

行业地位：2016 全球排名第十五。

模拟王者 ADI。美国 Analog Devices（NASDAQ：ADI）是全球领先的高性能模拟技术公司。但不为人知的是，除了模拟业务外，ADI 还是业界最早投入 MEMS 研发的公司之一。从 1987 年发布第一颗 High-G MEMS 传感器用于汽车安全气囊碰撞监测起，到 1996 年发布第一颗 Low-G 传感器用于人体运动监测，再到 2011 年发布能够承受 170℃高温的 MEMS 加速计传感器，这种对 MEMS 的坚持，ADI 传承了超过 30 年。

起家于工业 MEMS。从行业选取看，ADI 专注于工业领域的 MEMS 传感器产品开发和应用。虽然用于智能手机中的消费级 MEMS 产品市场规模更为庞大，但在 ADI 眼里属于红海一片，并且过于追求成本的结果难以得到较高的盈利。相反，ADI 看重性能、精度和可靠性要求更高的工业 MEMS 传感器市场，其技术门槛高，即使需求量小、投资回报率有限，但却是 ADI 执着聚焦的主战场。

从产品类别看，ADI 关注四大类 MEMS 传感器：陀螺仪和惯性单元、超低噪声传感器、超低功耗传感器和高温传感器。①在陀螺仪和惯性单元产品上，ADI 的做法是在单一模块里集成了加速度传感器、陀螺仪、磁传感器、气压计等多种传感器，应用目标以高温（ $-40 \sim 125$ ℃）、高压领域为主。②超低噪声 MEMS 产品，ADI 则瞄准了工业物联网市场中对精度和产品良率有着极高要求的领域。③超低功耗和高温产品，这个概念非常易于理解，一方面，随着智慧城市、智能家居的发展，相关产品一般采用电池供电，体积越做越小，电池也越来越小，传感器功耗也要求越来越低；另一方面，很多极端环境（高温）中的应用需要确保传感器可以稳定运行。

打造了一个将 MEMS 传感器融合的物联网蓝图。ADI 针对温度、声音、振动、压力、湿度、运动、污染物、音频和视频等目标检测用途的高性能传感产品系列集精确性、高能效和稳定性于一身，确保自始至终提供高完整的物联网数据源。其中，ADI 公司的 MEMS 加速度计系列产品在功率、噪声、带宽和温度规格方面均处于业界领先地位，并提供了一系列 MEMS 传感器和信号调理片内集成，进一步优化了内部数据质量和分析功能，为网络边缘带来智能化，确保相关精确、安全的信息可以发送到云端。物联网五环节，ADI 涵盖了前四环。

感知 ⟶ 测量 ⟶ 解读 ⟶ 连接 ⟶ 分析

4.3　我国 MEMS 产业分布

1. 长三角

以上海、苏州、无锡为中心。

逐渐形成包括加速度传感器、陀螺仪、压力传感器、磁传感器、图像传感器、光电传感器、温度传感器、气敏传感器等较为完备的 MEMS 传感器生产体系及产业配套。

2. 珠三角

以深圳为主。

由附近中小城市的外资企业组成以热敏传感器、磁敏传感器、超声波传感器、称重传感器为主的传感器产业体系。

3. 东北地区

以沈阳、长春、哈尔滨为主。

主要生产 MEMS 力敏传感器、气敏传感器、湿敏传感器。

4. 京津冀

主要以高校为主。

从事新型传感器的研发，在某些领域填补国内空白。

5. 中部地区

以郑州、武汉、太原为主。

产学研紧密结合的模式，在气体传感器、PTC/NTC 热敏电阻、感应式数字液位传感器等产业方面发展态势良好。

第5章
MEMS 企业并购整合的酸甜苦辣

MEMS 相关企业众多，既有向 MEMS 芯片公司提供 IP 的 ARM，也有众多专注于 MEMS 传感器芯片设计及制造的从业企业。近年 MEMS 相关并购整合纷呈，酸甜苦辣，冷暖自知，且并且珍惜！

5.1 所谓酸者，虽入口却意味深长

软银：豪赌物联网春天的巨人

● 英国科技行业令人忧伤的一天

2016 年 7 月 18 日，在日本软银公司报出 316 亿美元的高价，比 ARM 收盘价溢价 40%，ARM 股东以 95% 的压倒性优势，批准了日本软银并购 ARM 案。当然，在日本软银公司方案中，也给出了足够吸引 ARM 管理团队的丰厚股权激励计划。在软银出价收购 ARM 报价文件的小字说明中，软银承诺实施员工激励计划，发放 3.8 亿英镑的股权激励，鼓励员工留在公司，这让大家选择了无视软银当时高达 1130 亿美元债务的不利条件。

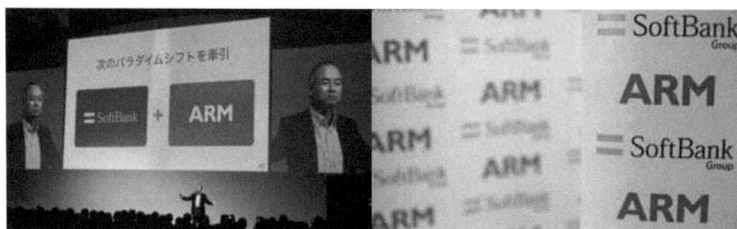

赫曼·豪瑟（Hermann Hauser）是 ARM 的创始人，他遗憾地看着他最引以为傲的成果拱手他人。在接受 BBC 采访时他哀怨地说："这是英国科技行业令人忧伤的一天。"ARM 被软银收购，意味着 ARM 这一代表着未来的科技将不再在英国决定，而是在日本决定。1990 年，在豪瑟的主导下，ARM 控股公司从 Acorn 计算机公司剥离成为独立公司，目前已经是移动芯片领域不可或缺的独角兽企业。截至收购前的 2015 年，全世界基于 ARM 技术的移动芯片销量达到了 150 亿片，超过了美国英特尔公司此前历史芯片的销量总和。伦敦大学亚非学院国际商法名誉教授彼得说，出售英国伊利大教堂都比出售 ARM 对英国文化造成的损害要小。因为创建 ARM 这样公司的技术和商业基础，比建造一座大教堂更具挑战性。ARM 是由世界一流的学术工程传统融合而成的独特产物：曼彻斯特大学（Manchester University）

的计算架构学院（computing architecture school），艾伦·图灵（Alan Turing）和第一台存储程序电子计算机（store-program electronic computer）；它还从欧洲经济共同体的研究经费中获得了很大的资助。作为一家公司来说，ARM 将其芯片设计应用于全球 95% 的手机，从而打入全球计算市场，是一项真正令人震惊的成就，是不折不扣的独角兽。

ARM 被认为是英国所拥有的最有潜力的一家顶尖高科技公司。这是近年来英国世界级的顶尖科技公司接二连三被国外巨头收入囊中的第三笔。美国惠普公司吞并了 Autonomy，美国高通公司并购了 Cambridge Silicon Radio（CSR），而日本软银公司则将三家中品质最好、体量最大、知名度最高的 ARM 纳入麾下。为了获得这笔交易，软银做出了法律承诺，在收购后的 5 年内将 ARM 总部保留在剑桥，并将英国员工数量从 1600 人增加至少一倍；这些承诺帮助软银赢得了英国政府的批准。

英国是当之无愧的高科技企业创新沃土。软银愿意溢价 40% 收购 ARM，归根结底还是表明英国在深度科技领域具有世界级的水准。目前，英国大学仍有一些最令人惊叹的学术研究成果，并且以远高于欧洲其他地区的速度被商业化，其高校成果商业化速度与美国相当，其中相当一部分成果是世界上最具突破性的新技术。另一个典型代表是 DeepMind，谷歌公司在 2014 年以 6.5 亿美元收购了这家公司。DeepMind 由伦敦大学学院研究员谢恩·莱格、杰米斯·哈萨比斯、穆斯塔法·苏莱曼共同创立，如今仍与伦敦大学保持着密切联系。2016 年 6 月，Twitter 收购了英国一家基于机器学习的图像和视频压缩公司 Magic Pony Technology，该公司当时只有 11 名员工，虽然其核心技术已经令投资者赞叹不已，但它没有收入，也没有如何获得收入的计划。然而，它以 1.5 亿美元的价格被收购，并成为 Twitter 机器学习项目的核心。

- **ARM 是谁？难窥真容的 Intel 反面！**

ARM 创立于 1990 年 11 月，是从早期家庭计算机制造商英国剑桥 Acorn 公司和美国苹果公司剥离出来的。与大家耳熟能详的创建于私家车库的美国惠普公司相似，英国 ARM 公司开发团队从剑桥的一个改装仓库起家，开发出了用于苹果牛顿（Newton）设备的微处理器芯片。牛顿是全球第一台手持电脑，虽然在商业上失败了，但牛顿展示了小型便携式电脑的潜力，奠定了 ARM 芯片后来被广泛应用于各种智能手机的基础。ARM 目前在英国伦敦、美国硅谷、中国上海、中国深圳等地拥有 35 个办事处和约 4000 名员工。

ARM 是一家非常低调的公司，普通消费者很难窥其真容。但在智能终端产业，ARM 大名鼎鼎，是苹果、高通、联发科、飞思卡尔等世界级芯片巨头背后的 IP 核授权公司，这些巨头通过 ARM 的架构授权，研发了各类移动处理器。根据业界预计，ARM 占据了智能手机、平板电脑 IP 核 99% 的市场份额，英特尔以及其他公司占比不到 1%；其在汽车电子、工业电子等领域芯片授权方面也收获颇丰。

要认识 ARM 是家什么公司，可以直接把它理解为英特尔的反面。英特尔自己研发处理器架构，自己研发处理器，在自家的晶圆工厂制造，向整机制造商高价出售处理器；而 ARM 只研发统一的处理器架构，授权给各家芯片设计公司自行研发处理器，再找第三方晶圆代工厂制造。ARM 只收平均不到 1 美元的授权费。尽管公司规模远远不及英特尔，但 ARM 凭借这一商业模式，构建起了一套强大的生态系统，囊括了全球几乎所有的芯片设计公司和晶圆代工巨头，整体影响力则远远超过了英特尔。当生态系统形成后，处于金字塔顶端的 ARM，如果被收购则整条生态链会破碎，因此其地位几乎不可替代。从这一角度看，ARM 类似智能手机里的安卓操作

系统。

因此，2011 年传出苹果试图收购 ARM，时任 ARM 的 CEO 伊斯特表示，"谁都没有收购 ARM 的必要。这是本公司商业模式的意义所在"。

在智能手机和平板电脑领域，英特尔花费了 6 年时光，耗资百亿美元，依然没有撼动 ARM 的统治地位。当时年营业收入只有 10 亿英镑的 ARM，多年来都是英特尔最为头痛的竞争对手。截至 2015 年年底，基于 ARM 架构的处理器总出货量达 800 亿个，远远超过英特尔。

- **难逢的收购时机**

✓ ARM 是移动芯片最强的公司。

✓ ARM 不但是移动互联网时代的隐形霸主，在未来物联网世界影响力更大。

✓ 软银孙正义非常擅长战略布局，ARM 可以和他在电信、互联网领域的布局完美结合。未来物联网、机器人时代，最大的赢家会是谁？孙正义赌他自己。

✓ 即使 ARM 本身，也有非常大盈利上升空间，提升授权费即可。

✓ 因为货币汇率问题，当时买 ARM 相当优惠。

日本软银公司其实也是最适合收购 ARM 的公司之一，因为软银自身并没有一个部门有能力消化 ARM 这块资产，这就意味着 ARM 除了技术焕发出巨大的诱惑力之外，ARM 的人才、组织架构乃至整个公司，对软银都是有用的资产。换做是苹果公司或者其他硅谷的高科技公司，他们可能会只收购 ARM 的核心知识产权。

- **孙正义豪赌物联网**

软银收购 ARM 的表面原因有：①英镑兑日元汇率在收购之前的一年期间下跌了近30%，大大增强了 ARM 对软银的吸引力；②软银在互联网领域国际并购的巨大成功，以及相应积累的丰富经验；③软银持有阿里巴巴等公司股份，拥有充足的资金或者现金等价物。

软银有的是现金。

2016 年 6 月的前三个交易日，软银通过出售阿里巴巴股票，套现 100 亿美元。软银还向腾讯出售旗下顶级游戏公司 Supercell 的股份，对价为 86

亿美元。软银舍弃 Supercell 这样的"现金奶牛"而耗费巨资收购 2015 年营业收入不到 10 亿英镑的 ARM，如此的高风险，孙正义希望得到多高的回报？

答案是**整个物联网世界**。

物联网是 MEMS 在未来十年的杀手级应用方向。

孙正义表示："下一个重大产业革命将出现在物联网领域。ARM 将在物联网中无处不在。许多人不了解这个国家的复杂情况（英国脱欧）。我是少数几个用大笔现金下注的人之一，而不仅仅是空谈。说得很简单。软银付出的代价几乎是 ARM 2015 年收入的 68 倍。这意味着我要保证 ARM 在未来多年保持高速增长和成功。我必须真正相信英国的未来，英国工程师的力量。这是我的大赌注。"

如同手机厂商去收购安卓操作系统没有太大意义一样，芯片巨头收购 ARM，必将导致其他客户的流失，ARM 的价值将一落千丈。按照甲骨文状告谷歌的说法，谷歌从安卓获取了超过 300 亿美元的利润（主要来自广告收入）。而软银的图谋，是智能手机之外更为辽阔的市场。

IDC 报告指出，到 2020 年，全球的物联网市场规模将增长到 8.9 万亿美元，届时将有 300 亿台设备接入互联网。更有预测称，到 2025 年物联网连接将达到 1000 亿个。海量的物联网连接需求低成本、低功耗的芯片和模组，而这正是 ARM 架构的强项。英特尔 X86 架构的强项在于计算，ARM 架构强项在于效率。在智能手机和平板电脑领域，低成本、低功耗和生态系统优势，让 ARM 成为全球手机芯片背后的霸主。在物联网领域，ARM 的优势还将得到延续。

在物联网的大框架下，人工智能、大数据、智能汽车等领域，都将是潜在的万亿美元级的产业。软银之所以收购 ARM，是因为它认为，计算能力和连通性将嵌入到世界上几乎每一个物理对象中，从汽车到手表，从空调到电灯开关，直到它变得像电力一样无形、无处不在、不可或缺。

物联网背后的理念是创建一个所有东西都连接到互联网的家，从数量众多的单个设备中创建"群智能"。垃圾箱、烤面包机、洗衣机和电灯将能够相互对话，实现自动化、更高效的控制和监控。物联网还描述了在更广泛的环境中使用 MEMS 传感器和智能设备，使流程自动化，并向人工操作员提供信息。物联网在今天仍处于起步阶段，但已有一小部分消费者设备和一些商业设备连接到了更广泛的世界。最著名的物联网设备是智能恒温器，如 Nest 的学习型恒温器，以及飞利浦的智能照明系统，其他设备还包括电子锁、家庭安全摄像头、温度、湿度、水、运动和开启或关闭状态的各种传感器，各种各样的智能插头、插座也允许用户远程打开和关闭灯具和其他非智能设备。家用电器才刚刚开始使用内置物联网，互联网电冰箱一直是物联网的典范，智能手机、烘干机、洗碗机、浴室秤、机器人吸尘器、风扇，都开始进入市场，可以互相交流，也可以和主人交流。

在消费者物联网领域，最大的品牌包括韩国三星、Alphabet 的 Nest、谷歌和亚马逊（Amazon）。事实证明，亚马逊的物联网 Echo 扬声器很受欢迎。然而，在这些设备的背后，是低功耗芯片制造商和嵌入式操作系统供应商，采用 ARM 授权的低功耗处理器很受欢迎。所以，ARM 授权芯片可以在智能手机、智能手表、智能手表、平板电脑和其他各种计算设备上找到，这些芯片也可以在许多物联网设备中找到，这些设备是将它们连接到更广泛互联网上的服务器，以及用来控制它们的设备。随着物联网的扩张，整个芯片世界对 ARM 授权的需求将会呈爆发式增长。

孙正义这一场豪赌，堪比 2000 年前后投资初创公司阿里巴巴。

- **软银并购的价值**

单纯从商业角度分析，软银收购 ARM 可谓是再容易理解不过的战略布局了。随便列举几个未来最有可能获得大发展的产业——服务业机器人、工业智能生产、无人驾驶汽车以及无处不在的人工智能应用等，哪一样不需要用到海量的芯片？尽管对于芯片的计算能力要求有高有低，但 ARM 除了在高性能计算方面（HPC）还尚欠缺火候外，其他领域可谓是完全覆盖、无所不能。

值得一提的是，ARM 在 2012 年与 Imagination 分拆收购了曾经独霸 HPC 领域的 MIPS。从该笔交易中，ARM 获得了 MIPS 在电信领域大量的技术专利，尤其还包括了后者一些比较有远见和创意的设计理念。因此，我们并不能现在就认定，ARM 在未来一定拿不出可以在 HPC 市场上与 X86、

Power、Alpha 等架构一决雌雄高端产品。

● 软银越来越像一个投资公司

软银本身是一家日本电信运营商，兼有技术投资业务。日本软银 2018 财年第一季度收入为 203 亿美元；营运利润增长 49%，至 64 亿美元，这主要由投资收益驱动，包括了愿景基金贡献的 22 亿美元净利润，以及出售中国子公司股权贡献的 10 亿美元净利润。

1981 年，孙正义创建了日本软银，与两名兼职员工在东京销售个人电脑软件。第一天，身材并不高大的孙正义站在两个苹果纸盒上，对迷惑不解的员工们宣布，五年后，公司的销售额将达到 7500 万美元，并成为行业第一名。孙正义后来对《哈佛商业评论》表示，两名兼职员工认为"这家伙一定是疯了"，并在同一天辞职。但在孙正义的驱动和雄心壮志下，软银最终在日本销售了 80% 的个人计算机软件。软银随后成长为一家全球性企业集团，持有包括雅虎在内的数百家网络公司的股份。2000 年，随着科技股估值飙升，孙正义的个人财富甚至一度超过了比尔·盖茨。2001 年，互联网泡沫破灭抹去了软银 99% 的市值，但其中一笔 2000 万美元进入阿里巴巴的投资被认为是历史上最好的投资之一，软银在该公司 28% 的股份价值 1400 亿美元。

2017 年，孙正义组建了千亿美元规模的愿景基金，致力于投资全球最具影响力的科技公司。孙正义把赌注压在了物联网、机器人技术、人工智能和旧产业颠覆的未来上。愿景基金的投资范围覆盖了网约车公司、数字支付、卫星、半导体、农业和癌症检测。该基金 2018 年第一季度的收益主要来自将美

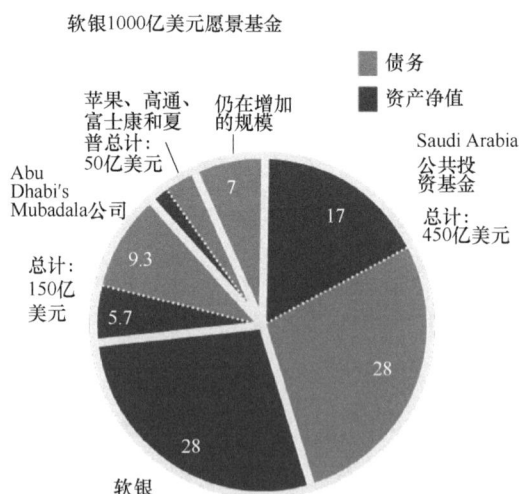

软银1000亿美元愿景基金

债务
资产净值

苹果、高通、富士康和夏普总计：50亿美元

仍在增加的规模

Abu Dhabi's Mubadala公司 总计：150亿美元

Saudi Arabia 公共投资基金 总计：450亿美元

7

17

9.3

5.7

28

28

软银

国 Flipkart 在线服务业务出售给美国沃尔玛，以及美国 WeWork 公司公允价值的提高。

愿景基金是世界第一大高科技产业投资基金。该基金运营期为 12 年，要求股权投资者提供相应的债券，债券以优先股的形式发行，年票息为 7%。除了软银 100% 股权投入 280 亿美元外，该基金的所有外部出资方均按照 38% 普通股、62% 优先股比例投入。由孙正义及其副手、人脉广泛的德意志银行前衍生品交易员拉吉夫•米斯拉共同担任基金管理机构的负责人，并承诺约 20% 的年化回报率，这远远超过市场上通常 8% 的门槛收益。根据每位投资者的不同，该公司还将收取所承诺资金的 0.7%～1.3% 不等的管理费。

它的庞大规模已经让潜在的投资目标和竞争对手大为震惊。它已经投资了 300 亿美元，几乎相当于美国风险投资行业在 2017 年筹集的 330 亿美元。孙正义已经表示，如果该基金表现良好，第二期、第三期和第四期可能很快问世。

全球最大的技术投资资本基金（截至2018年5月，来自：经济学人）

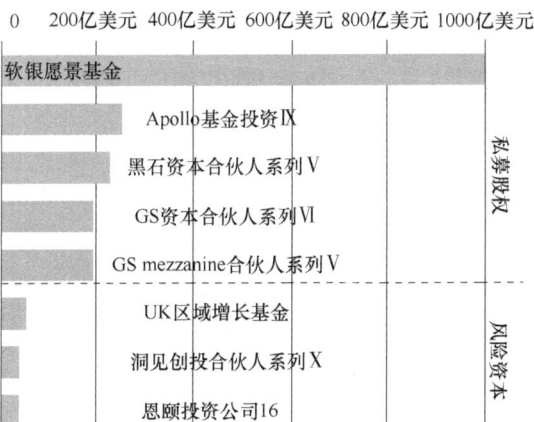

作为唯一一个纯股权投资的投资者，软银承担着愿景基金的最大风险，并将拥有最大的财富敞口。全球大型私人股本和风险投资公司的顾问们纷纷表示，这种混合融资方式很少使用。这种结构反映了孙正义对市场前景非常乐观，他成功地控制了该基金，同时向其他投资者提供了足够的激励。孙正义对所有投资拥有最终决策权，这充分体现了软银文化中的等级制度，

却与传统风险投资文化相悖（传统风险投资通常由委员会做出投资决策）。

愿景基金致力于创建一批全球最先进的独角兽公司。孙正义表示，也许他的一些投资看起来毫无道理，但仔细去看，都与人工智能、物联网息息相关。而人工智能、物联网的迅速普及，将直接诱发 MEMS 的广泛应用，其规模将远超过苹果手机对 MEMS 传感器的推动。

软银主要投资对象及金额（前12月）单位：10亿美元

	0	2	4	6
Arm Holdings*					32.4
Didi Chuxing				
Nvidia*				
Fortress Investment Group**			
Paytm		
OneWeb		
Improbable	
WeWork	
Guardant Health***	
99(Brazil's answer to Uber)	

● ARM 关乎中国芯片发展之路

每当讨论芯片产业的长远发展，我们面临的挑战终归是"不掌握任何核心专利技术"这一关键问题。太平盛世下各国大力合作，一切欣欣向荣，什么都不必担心。就像我们过去也不会预见美国可能禁止出口高端 X86 处理器，可如今他们就是这么做的。所以在国家战略层面上，尤其是国家安全问题上，发展"国产芯"刻不容缓。

这是中国芯片产业面临的一个困境。

孙正义给出了一个方向。作为一个奇人，他创造性地把 ARM 中国设计成了中方控股的独特架构。出巨资收购 ARM 是为了物联网芯片的庞大市场，而最大的物联网市场又毫无争议的在中国，因此，孙正义的这个部署，意味着他主动把 ARM 未来在中国市场 51% + 的收益"让渡给"中方股东，换取中国政府和企业对 ARM 中国作为中国本土企业参与市场竞争的待遇。

物联网巨大市场在望，软银并购 ARM 能否吃下这块蛋糕，能否取得巨大的成功？直到今天这仍是变数，此之为"酸"。

5.2　所谓甜者，尝到甜头一发不可收

5.2.1　TDK，拥抱新的智能世界

作为世界著名电子工业品牌，TDK 一直在电子原材料及元器件上占有领导地位。2018 财年，TDK 的总销售收入达到 120 亿美元。

TDK，全名东京电气化学工业株式会社，总部位于日本东京，是一家全球领先的电子公司。1935 年，加藤与五郎博士、武井武博士在东京发明了铁氧体后，随即组建公司，开始从事该磁性材料的商业开发和运营，并开发了全世界家喻户晓的 TDK 磁带。随着业务的多元化发展，公司名称简化为 TDK 株式会社。现今，TDK 已经发展为世界首屈一指的电子组件与记录媒体制造商，在全球 21 个国家设有开发、生产和销售基地，在全球雇用了大约 10.3 万人。TDK 在我国的苏州、厦门、大连等地设有工厂或办事处。TDK 的产品广泛应用于信息、通信、家用电器，以及智能移动终端、笔记本电脑等消费型电子产品。

2009 年，TDK 出现了 2002 年以来的首度亏损。1 月，TDK 宣布，该公司裁员 8000 人，同时受订单急剧减少和日元走强的影响，本财年 TDK 遭遇了有史以来最大的亏损。公司关闭了日本以外的四座工厂，从而达到裁员的目的。

智能时代来临，TDK 应该如何与艰辛的旧世界告别，拥抱新的世界呢？

5.2.1.1　换股收购德国 EPCOS

2008 年，全球第二大被动组件厂 TDK 公司以公开收购股票的方式，收购了德国电子组件大厂 EPCOS 公司（爱普科斯公司），TDK 将以每股 17.85 欧元的价格收购 EPCOS 的发行股，总收购金额高达 12 亿欧元。1999 年，德国西门子和日本松下电器两者的相关产业合并，组建了 EPCOS AG。2007 年 EPCOS 员工达 18300 名，主要制品为表面声波（SAW）设备、陶瓷电容器元件、电容器、变压器等。

TDK 拿下欧洲被动组件龙头厂商 EPCOS 的股权，主要是看中 EPCOS 在工业电子、汽车电子和通信电子市场等方面的优势，而 EPCOS 对 TDK 家电领域的优势也充满期待。此次两家公司之所以能够达成一致，是因为在技术、产品、顾客和地域方面，双方能够构筑近乎完美的互补关系。技术方面，TDK 擅长材料技术，而 EPCOS 擅长模块技术；产品方面，TDK 擅长通用产品，而 EPCOS 擅长汽车配件和高频部件。另外，EPCOS 在欧洲拥有比较大的消费市场，而 TDK 的优势市场主要是在亚洲地区，因此，此次两巨头的兼并整合也有助于双方各自借助于对方的优势进行市场开拓。

以产品的销售比率来看的话，TDK 的被动零部件业务中陶瓷电容器元件与电感线圈（卷）占比很大，EPCOS 的电容器与高频元件占比较大，且 EPCOS 擅长于铝电电容和薄膜电容。两者擅长的产品并不相同。

按地域差别的销售额来看，TDK 的被动零部件业务在日本及亚洲市场上占据压倒性的优势，EPCOS 占据了欧洲市场的较大份额。由于地域不同，两公司合并将会填补各自的空缺。

TDK 收购 EPCOS 后，将成为全球领先的电子元器件、模块及系统供应商，产品涵盖磁性材料、多层陶瓷元件、射频元件、传感器、SAW 元件、电容、电感等在内的元器件。传感器至少包括如下系列：

- 温测传感器 NTC（TDK & EPCOS）；
- 表贴（SMD）负温度系数热敏电阻（EPCOS）；
- 位传感器（EPCOS）；
- 限传感器（EPCOS）；
- 电机保护传感器（EPCOS）；
- 压力传感器元件（EPCOS）；
- 压力传感变送器（EPCOS）；
- 钳式交流电流传感器（TDK）；
- 粉体水平/压电碳粉传感器（TDK）；

- 齿轮传感器（TDK）；
- 表面电位传感器（TDK）；
- 湿度传感器（TDK）；
- 磁性碳粉浓度/余量传感器（TDK）；
- 角度传感器（TDK）。

5.2.1.2　现金收购瑞士 Micronas

- **一切为了磁传感器！**

由于看好磁传感器将在工业与汽车电子应用中扮演关键角色，TDK 于 2015 年 12 月，向在磁传感器领域拥有专业技术的瑞士半导体公司——Micronas 提出了收购邀约。TDK 提议以 Micronas 公司 60 天平均股价基础上溢价 70% 进行收购，比邀约时收盘价溢价 63.0%，即支付每股 7.5 瑞士法郎，总计约 2.232 亿瑞士法郎（2.24 亿美元或 2.06 亿欧元）。

- **Micronas 是谁？**

Micronas 是汽车工业霍尔效应传感器的领先供应商，拥有 30 多年的经验。它是汽车和工业领域的明星，是一家在全球提供基于智能传感器系统方案的公司，包括为各种汽车和工业应用中的智能执行器提供霍尔传感器和嵌入式控制器，例如传动系统、底盘车架、引擎管理以及各种便利功能。Micronas 为全球多家汽车生产厂商提供服务，并达成了长期合作关系。在被 TDK

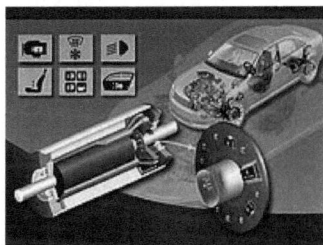

Micronas 传感器组合

收购前，Micronas 拥有最广泛的霍尔效应传感器产品组合，以及为处理这些传感器数据而特制的嵌入式微控制器。针对汽车的安全、车体、舒适性与动力传动应用，这些传感器可用于侦测端点位置以及量测线性或角度运动。

- **TDK 收购得到了什么？**

从 TDK 的立场来看，这项收购的目的在于增加该公司在汽车、工业、信息与通信技术领域的销售与营利能力。该公司表示相当看好这一类应用对于传感器的需求增加，而且也认为 Micronas 是霍尔效应传感器的主要制造商，拥有汽车领域的重要客户。TDK 计划以这些传感器作为核心，进一步扩展相关业务。

2017 年，TDK 宣布，TDK-Micronas 已成为开发 CMOS 技术霍尔效应传感器的龙头企业，拥有全世界领先的汽车和工业市场产品组合，可向包括位置、角度、速度、转矩、压力和电流在内的测量任务提供高质量的霍尔产品；已累计向汽车和工业市场交付了超过 40 亿个霍尔传感器。

TDK 成功收购 Micronas 后，Micronas 将继续以其成熟的品牌服务于现有的汽车和工业控制客户，但技术研发重点将向各种磁阻（MR）技术倾斜。Micronas 表示，与霍尔效应传感器相比，MR 技术具有很高的灵敏度，其中 TMR 的可能应用是角传感器和轮速传感器，从而提供更高的角精度。"如今汽车上 80% 的传感器都是霍尔效应传感器，这不会有太大变化。"TDK 表示，" TMR 传感器则可以打开一个新的应用领域，如非接触式位置和当前测量。"

5.2.1.3　间接收购法国 Tronics

2016 年 7 月，TDK 通过旗下的德国子公司 EPCOS，出价 4865 万欧元（约 5500 万美元）收购法国 MEMS 制造商 Tronics Microsystems；以每股13.20 欧元的价格收购 Tronic 股票，该价格是 Tronic 股票在 2016 年 7 月 7日收盘价的 78.4% 溢价。

- **Tronics 是谁？**

Tronics 成立于 1997 年，位于法国克罗尔市，在欧洲与美国都拥有晶圆厂；拥有大约 100 名员工，其中大多数是工程师和科学家。

Tronics 主要产品是磁传感器，还有惯性传感器、气体传感器、红外传感器，微型反射镜、微光学元件、微型致动器，以及用于体外诊断与 DNA 分析的前瞻性生物

Tronics 的 6 轴惯性传感器

MEMS 与微流体元件。2016 年，Tronics 推出了一款 6 轴惯性传感器，掀起了轩然大波，打破了惯性传感器由 InvenSense、博世、意法半导体三家垄断的局面。

- **TDK 得到什么？**

TDK 通过收购 Tronics，大幅扩展了目前已包括温度、压力、TMR 等 MEMS 传感器的产品阵容。将 Tronics 纳入旗下，将能为 TDK 增添工业、汽车与消费性电子应用的惯性传感器。

对于 TDK 而言，Tronics 为 TDK 开辟了一条捷径，令其能够快速进入高速增长的 MEMS 惯性传感器市场。此次收购将大幅提升了 TDK 在未来最有前景、最重要的技术领域之一——惯性传感器领域的创新能力和市场地位。

5. 2. 1. 4　现金收购应美盛

2016 年 12 月，TDK 宣布，斥资 13 亿美元收购美国传感器制造商应美盛（InvenSense），其中 TDK 聘请美林银行作为财务顾问，而应美盛则雇请 Qatalyst Partners 为顾问。

TDK 的这一战略部署影响深远，全球半导体产业又少了一家优秀的 MEMS 芯片企业。应美盛是惯性 MEMS 传感器市场的领导企业之一，在惯性传感器领域有着深厚的技术积累。

应美盛出售的原因是 2015 年经历了连续 9 个月的营运困难，当时公司在智能手机的定位逐步瓦解，利润也出现显著下滑。同时，该公司多元化进军汽车与工业应用领域的计划尚未见成效，而在实际的执行上也并不容易。

- **应美盛是谁？**

应美盛位于美国加利福尼亚州，是一家全球知名的 MEMS 传感器平台供应商（应美盛，纳斯达克：INVN），创立于 2003 年，是加速度计、陀螺仪、电子罗盘及麦克风等 MEMS 传感器市场领导企业，具有扩展性非常好的 CMOS/MEMS 平台，并且是苹果（Apple）公司的主要供应商之一。该公司还瞄准了可穿戴技术领域的增长，为健身追踪器、智能手机、手表和新型增强和虚拟现实设备等产品提供了微型机电系统（MEMS）传感器和电子想象稳定解决方案。

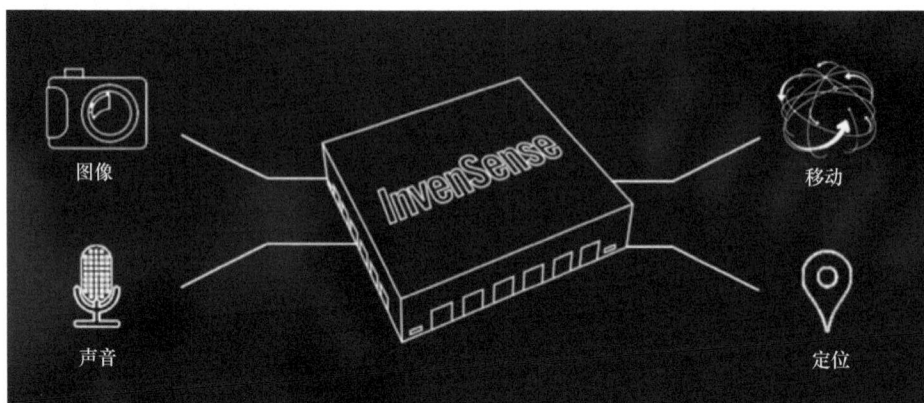

应美盛一直深耕于 6 轴惯性传感器。其推出了利用一款 6 轴惯性传感器实现的光学图像稳定系统（OIS）；同时开发高端麦克风，以及最多支持 16 个器件的时分复用（Time division multiplexed）麦克风阵列。在汽车领域，应美盛也开始发力，并正在和一家系统集成合作伙伴（松下）共同开发汽车安全应用的 6 轴惯性传感器。软件方面，应美盛现在有 80 ~ 100 款软件。公司通过传感器数据来了解客户的行为，以使产品更好地满足客户的需求，识别那些影响各种用户案例的 MEMS 器件缺陷，并了解哪些问题可以通过软件来解决，以此为客户开发并提供完整的传感器解决方案。

- **TDK 收购目的是什么？**

强化物联网产品线。TDK 公司一直在电子原材料及元器件生产上居于领先地位，在收购前已是十分重要的智能手机零件供应商，收购应美盛之后，将大大加强自己在传感器技术方面的实力，尤其是应美盛的 MEMS 陀螺仪几乎无处不在。TDK 的三大重点事业：汽车、ICT，及工业与电力系统，由于物联网概念的推广，传感器技术成为三大事业的核心，尤其是汽车的自动驾驶技术，以及电力系统的智能电网技术，都是备受看好的新领域事业。因此 TDK 收购应美盛将向方位与运动传感器、电流传感器、气压与湿度感测模组、超小麦克风等产品方向积极发展。这两家公司能够提供高度互补的传感器；其中，应美盛专注于广泛的 MEMS 传感器，如陀螺仪、加速度传感器、MEMS 麦克风、惯性传感器、超声波传感器等，在现代移动设备中无处不在；TDK 则能提供诸如磁传感器、温度传感器、压力传感器和电流传感器。结合起来，TDK 将在物联网、汽车电子、ADAS、AR/VR 和其他新兴市场有更好的机会。

产生协同效应和规模效应。智能手机中的 MEMS 传感器数量似乎已达峰值，市场日趋饱和，MEMS 厂商正努力寻找新的市场增长点；无人机、VR/AR 以及智能驾驶汽车将成为传感器应用量非常大的新兴应用领域。应美盛的 CMOS/MEMS 平台技术本身具有适应这些新兴应用的价值优势，能够为 MEMS 器件集成更多的功能，如微控制单元和存储器，真正地使智能传感器的愿景成为现实。此次收购交易将使 TDK 和应美盛在产品开发和销售渠道方面产生协同效应和规模效应，提升其传感器技术能力、扩展产品组合。

TDK 收购应美盛后，将能实现物联网、汽车、ICT 等领域的传感器新解决方案。

5.2.1.5　全资收购 ICsense

TDK 在 2016 年年底以约 13 亿美元拿下 MEMS 传感器开发商应美盛（InvenSense）后仅仅三个月，即于 2017 年 3 月 28 日宣布，已与欧洲 ASIC 大厂 ICsense 签订全资收购协议。

- **ICsense 是谁？**

ICsense 创立于 2004 年，是欧洲首屈一指的 IC 设计公司，总部设在比利时鲁汶。其核心业务是 ASIC 开发和提供定制的 IC 设计服务，核心专长是传感器和 MEMS 介面、高压 IC 设计、电源和电池管理。该公司拥有欧洲最大的无晶圆厂 IC 设计团队，在数字、混合信号和高压 IC 设计方面处于世界一流水平，可为汽车电子、医疗电子、工业电子和消费电子市场提供客户独家需求的 ASIC 解决方案。

由于其独特的设计流程，ICsense 以可重复、第一时间的准确项目执行和准时交付而闻名，拥有高精度读出链、高压 MEMS 驱动器、超低功耗的系统解决方案等优势。

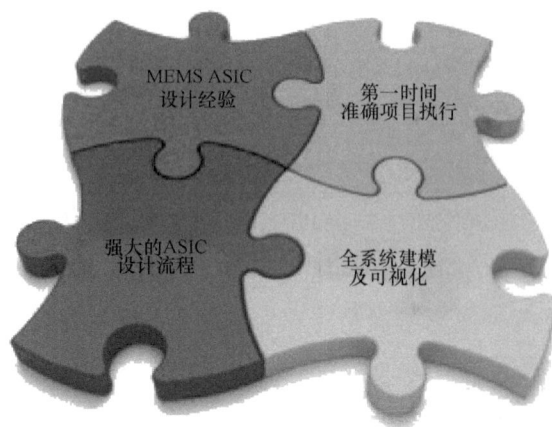

- ICsense 在数字麦克风方面，拥有从音频到数字输出的全信号链混合信号 IP。其 ASIC 技术，生产了全球第一个 MEMS 扬声器。

- ICsense TMR 角度传感器 ASIC，用于汽车中，具有自动校准序列，可以补偿磁铁和机械（如倾斜）装配过程引入的非理想状态。

- ICsense "真正的 0Hz" 车轮速度传感器 ASIC，接口有 3 个 TMR 传感器，用于监测旋转磁化的速度，常见于汽车安全关键应用，如 ABS 等。

- ICsense 12 位 MEMS 陀螺仪接口 ASIC，可直接与振动环 MEMS 陀螺仪连接，且包含了高压、高精度驱动链作为低噪声角度检测电路。

- ICsense 汽车 GMR 传感器接口 ASIC，用于速度和方向测量；低功率 GMR（巨磁电阻）读出 ASIC 与单模上的 GMR 传感器协同集成，用于曲轴、传动速度和方向传感。

- ICsense MEMS 压力传感器接口 ASIC，压力传感器 MEMS 在医疗、汽车和工业领域有着广泛的应用，ICsense 提供基于可编程电容的前端 ASIC 解决方案，以提供相当大的设计灵活性。

- **TDK 收购目的是什么？**

TDK 收购 ICsense，最大的背景是日本索尼公司调整了基于 MEMS 的 CMOS 传感器市场策略。索尼公司在 2016 年年底表示，今后将不再向第三方厂商出售某些型号的传感器，特别是其最新款传感器将优先为索尼相机服务。索尼公司的这一举动，除了直接导致索尼传感器缺货涨价，也迫使 TDK 下决心并购形成自己的 CMOS 传感器开发、研制和量产能力。

ICsense 专长的 ASIC，不仅可以用于磁传感器，也可以用于其他传感器产品，甚至非传感器产品。基于这些原因，TDK 决定收购 ICsense；在并购 ICsense 后，TDK 将在原有压力传感器、温度传感器、电流传感器和磁传感器基础上，扩大传感器业务范围，强化 TDK 在汽车电子和工业电子的地位。

5.2.2　奥地利 AMS 的买买买

5.2.2.1　从半导体初创企业到 10 亿美元级巨人

奥地利 AMS 公司（艾迈斯半导体公司）是瑞士证券交易所上市公司。这是一家全球领先的高功用传感器和仿照 IC 处理方案供应商，主要针对高精度、宽动态范围、高灵敏度、超低功耗需求的应用，为计算机、消费、工业、医疗、移动通信和汽车市场的客户提供包括传感器、传感器接口、电源管理 IC 和无线 IC 在内的产品。

AMS 总部位于奥地利，全球员工超过 2100 人，为遍布全球的 8000 多家客户提供服务。AMS 在亚洲拥有 600 名员工，在中国、韩国、日本及新加坡等国家设有办事处，并在菲律宾建有测试中心。

AMS 在 2015 年末对 CMOSIS 公司的收购震惊了整个产业。其后对 Heptagon 的收购使 AMS 的战略变得逐渐清晰起来。从 AMS 并购轨迹看，其希望通过连续收购发展成为一家传感器技术特别是 CMOS 传感器的领域全球领导者。

通过一系列眼花缭乱的并购，AMS 2017 年年营业收入已接近 13 亿美元，与 2010 年 2.8 亿美元相比，增长了近 5 倍。

5.2.2.2　收购气体传感和红外技术公司 CCMOSS

2016 年 6 月，AMS 收购气体传感和红外应用微型热板结构技术领导者 Cambridge CMOS Sensors（CCMOSS）公司。

- **CCMOSS 是谁？**

CCMOSS 主要研发和生产基于 MEMS 结构微型加热板的气体传感器，是全球气体传感和红外应用微热板结构的领导者，拥有顶尖的高性能红外辐射源和传感器应用探测器。CCMOSS 的气体传感器广泛应用于汽车、工业、医疗和消费类市场。

CCMOSS 通过在 CMOS 晶圆上制造微型加热板 MEMS 结构，创造了完整的单片集成 CMOS 传感器 IC。该技术使 CCMOSS 的解决方案具有较高的成本经济性，而且相对竞争技术还具备其他显著优势，如低功耗、小尺寸封装以及与其他传感器模组的集成能力。

- **AMS 收购的动机？**

CCMOSS 在气体传感器领域的深厚专业知识和 AMS 先进的 MOX 气体传感材料具有高度的协同效应，MOX 气体传感材料可应用于 CO、NO_x 和 VOCs 等气体探测。AMS 收购 CCMOSS 后，瞬间成为全球基于 CMOS 的汽车、工业、医疗和消费应用的气体传感和红外传感领域的主力军。

此外，CCMOSS 还具有产业领先的红外技术产品组合，包括应用于红外传感器的高性能红外辐射源和探测器。CCMOSS 红外气体感测技术也是基于相同的单片 CMOS 结构，这与 AMS 下一代光学传感技术的光谱传感战略具有高度互补性，可以帮助其实现产品的小型化和专业化。

5.2.2.3　收购颜色和光谱传感公司 MAZeT

2016 年 7 月，AMS 收购颜色和光谱传感公司 MAZeT。

- **MAZeT 是谁？**

MAZeT 公司总部在德国耶拿，是全球知名光学巨头德国卡尔蔡司公司（Carl Zeiss）的子公司，近年来一直处于盈利状态。该公司提供颜色和光谱传感芯片以及相关的 ASIC 芯片，其市场定位在工业应用和医疗应用，目前约有 80 名职工。MAZeT 的业务领域包括传感器芯片及滤波器的设计以及硬件和软件系统开发，提供先进的颜色和光谱传感领域强大的系统及应用知识，同时具备卓越的光学工程专业技术，其 JENCOLOR® 传感器广泛运用于诸如飞机内部照明、农业用传感器和医疗领域的皮肤病变分析。

- **AMS 收购的动机？**

两家公司在产品特别是传感器性能上具有很强的互补性，MAZeT 出色的专业光学技术能够帮助 AMS 在传感和操控照明、测量物理参数或在闪现屏上复原实在色彩等方面实现新应用、新特性，而 AMS 的优秀运营能力和全球销售网络将为 MAZeT 带来广阔的市场机遇。总的来说，本次收购有利于 AMS 在业界抢先将光学传感器组合应用于汽车电子、工业电子、医疗电子和智能照明终端等行业。

　　AMS 完成收购 MAZeT 后，确立了其在先进光学传感领域的全球领先地位。这项收购为 AMS 带来了多项创新技术，包括光谱传感技术。AMS 不仅保持了在苹果公司环境光传感器供应链中的地位，而且还在产品组合中增加了一个新的多光谱传感器。AMS 新型光学传感器具有干涉滤光片的功能，比有机滤光片更可靠，且具有更多功能。实际上，其产品在六个不同的单元中提供了三种不同的传感行为：真彩色传感器、可见光传感器和纯近红外传感器。

5.2.2.4　收购高端光学封装公司 Heptagon

　　2016 年 10 月，AMS 宣布将以 8.5 亿美元收购高端光学封装厂商 Heptagon。2017 年 2 月宣布收购完成。此次交易对价的部分包括近 6400 万美元现金，5450586 股 AMS 股份库存股票，以及由新增的授权资而来的 11011281 股新股。新增的 11011281 新股于 2017 年 1 月 24 日完成了商业登记，从 2017 年 1 月 25 日起，新股获准在瑞士证券交易所内交易。AMS 已公开发行并售出的无票面价值无记名股票股份总数将为 84419826 股，估算票面价值为每股 1.00 欧元。完成商业登记后，Heptagon 股东持有 AMS 所有登记股本的近 19.5%。

- **Heptagon 是谁**？

　　一家新加坡公司。Heptagon 总部和制造基地均位于新加坡，其研发中心位于瑞士的霍尔根市。现有员工 830 多人，其中包括 120 名工程师和 500 名制造人员。公司知识产权主要集中在光学封装领域，拥有超过 250 个核心专利。Heptagon 在高性能光学封装领域具有独特专长，能为客户提供具有高性能光学封装优势的微型光学器件和光学传感解决方案。Heptagon 一直以来专注于消费电子市场，是要求大批量、小尺寸光学封装的移动设备应用主要供应商。

　　盈利乏力但资金流不短缺。由于一直以来产能利用率不高，Heptagon 2015 财年净亏损 9000 万美元。但从 2017 年年中开始的未来几年，基于其现有的收入和产能以及客户承诺，其营业收入将大幅增长。为了应对这一预期的增长，公司对其新加坡工厂的制造能力进行大幅度扩张，在2016—2017年总资本投资超过2.5亿美元。该笔投资全部由经营业务中的现金流支撑，无须 AMS 提供资金。

全球领先的高性能光学封装和微光光学公司。Heptagon 曾为从晶圆级初创企业转变为光学微型器件供应商付出了巨大努力，以期把握智能手机和可穿戴产品中传感器集成的新浪潮，预计 Heptagon 能为 VR/AR 所带来的下一波产品爆发抢占市场先机。Heptagon 的产品近年来才大行其道：10年前，手机摄像头技术只需要注塑成型的镜片、复杂的自动对焦和光学图像稳定器，而今天随着传感器集成的第三波浪潮，Heptagon 的专业技术终于有了大展拳脚的机会。

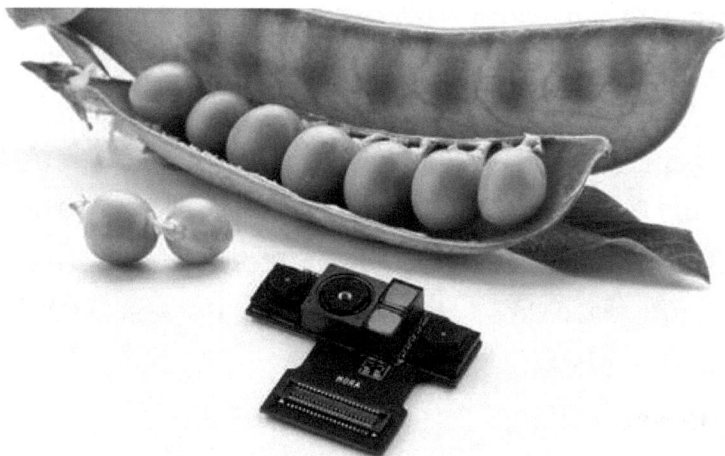

Heptagon 的莫拉 3D 成像解决方案

- **AMS 收购的动机？**

AMS 一直将自己定位为一家能够充分利用所有传感方式的传感器解决方案供应商。Heptagon 的专业技术因而成为 AMS 制造光学微型器件的基础。AMS 一直以来都是以大规模消费电子市场为主，这一点与 Heptagon 契合度极高。Heptagon 在 3D 成像领域具有很强实力和巨大潜力，它将提升 AMS 在该领域的竞争能力。

AMS 和 Heptagon 的结合，在端到端光学传感解决方案方面奠定了全球领导地位。两者相加已具有全球规模，能够定义技术趋势、推动技术创新。

高端封装技术对即将到来的光学传感器应用具有显著的价值，能帮助 AMS 更好地服务于高价值光学应用客户，加速 AMS 在传感器融合和传感器集线器方面的能力扩展，并将有效扩大消费光学传感领域市场。有了 Heptagon，AMS 将未来三年业务复合增长率目标定为 30%，并计划从 2019 年起保持营业利润率 30% 以上。

从 Heptagon 角度看，出售给 AMS 是很自然的事情。Heptagon 是无可争议的市场领导者，但处于一个不进行重大变革就难以进一步增长的阶段。由于急剧增长需要更大的投资，与另一个光传感领域的强者整合，是必然的选择。

5.2.2.5　AMS 的野心

一家大公司为了专注于单一产品而非多样化，将剥离一些声誉良好、营利能力强的部门，这种情况并不常见，而 AMS 就是这样一个典型的例子。除了我们看到的买、买、买，AMS 也在同时进行资产剥离，以便更好地专注于开发全新的 MEMS 传感器并为其提供支持。在其出售的资产中，不乏优质资产。2016 年 7 月，AMS 与意法半导体签署了一项协议，将其 NFC 和 RFID 阅读器 IP、技术和产品线剥离给后者。AMS 并没有完全退出 NFC/RFID 领域，它保留了与传感器相关的 NFC/RFID 标签业务和相关设计能力，以创建无线物联网传感器解决方案并支持未来的传感器节点。

回头看，AMS 无论是疯狂并购，还是剥离部分优质资产，其目标都是为了进一步推动 AMS 成为全球领先的传感器解决方案提供商，使公司的产品和技术组合全部围绕核心传感器业务开展。仅仅为了光学传感，AMS 就进行了一系列眼花缭乱的战略性收购，包括 2011 年收购了德克萨斯州高级光电解决方案公司（TAOS），2015 年的 CMOSIS，2016 年的 CCMOSS、MAZeT，2017 年的 Heptagon、Princeton。

3D 人脸传感器的全球出货量从 2016 年的零增长到 2017 年的 3220 万台。IHSMarkit 的数据显示，到 2021 年，这一数字预计将达到 3.699 亿台，比 2017 年增长了 1000%。作为环境、光线、图像和其他传感器的制造商，AMS 是苹果公司 TrueDepth 摄像头系统的关键供应商。TrueDepth 摄像头系统是一种光学模块，能够实现 iPhone X 的面部识别功能。显而易见，AMS 已经提前了至少 3 年在布局未来！

手持式移动端设备全球3D面部识别传感器出货量(单位：百万件)

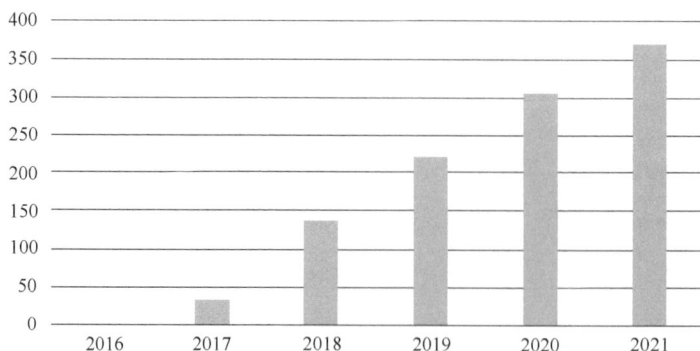

Source:IHS Markit   ⓒ2018 IHS Markit

Everke 从 2016 年起担任 AMS 的首席执行官，他坚信 3D 传感技术是未来 10 年推动市场发展的行业大趋势之一，其应用领域远不止智能手机。AMS 选择了结构光技术，并为 iPhone X 手机的真深度相机提供点式光源和色/环境光传感器。就像任何苹果公司供应商一样，AMS 的成败如今与苹果的 iPhone 战略交织在一起。例如，其披露 2018 年 AMS 6 亿美元巨额资本支出中有 $\frac{1}{4}$ 的资金来自一位未具名客户。当苹果公司说"跳"的时候，整个行业参与者的反应都是"跳多高"。

总税收（单位：百万欧元）

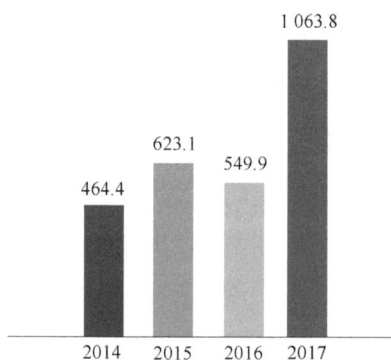

AMS 收入增长（来源：AMS 网站）

5.3 所谓苦者，未尝所愿也

高通，拟并购进入汽车半导体市场的巨人

2016 年 10 月 27 日，高通宣布，将以每股 110 美元的价格收购恩智浦

半导体（NXP），此次交易总额约为 380 亿美元，此次收购将成为半导体行业有史以来规模最大的一宗交易，溢价率为 11.5%。高通计划通过所持现金和新的举债来筹集这笔交易所需的资金，在 2017 年底完成该笔交易。合并后的公司预计年收入将超过 300 亿美元，可服务的潜在市场将在 2020 年达到 1380 亿美元，其中恩智浦贡献的包括汽车半导体、安全和联网设备在内的市场价值占 770 亿美元。

- **恩智浦是谁**？

恩智浦是目前全球排名前十的半导体公司之一，总部位于荷兰，在汽车电子、射频、身份识别和安全方面实力强大，是全球最大的汽车半导体公司、中国地区排名第一的 ARM MCU 供应商，此外在自动驾驶领域也有布局。

恩智浦的全球汽车半导体市场份额为 14%。该公司提供高性能混合信号和标准产品解决方案，这些产品和解决方案可应用于汽车、智能识别、无线基础设施、照明、工业、消费和计算等领域，在全球超过 25 个国家拥有 2.8 万名员工。2015 年 3 月，恩智浦和飞思卡尔宣布进行合并。2015 年第四季度，两家公司完成合并。合并后的公司在汽车半导体、微控制器、安全连接解决方案等领域形成了自己的技术优势。恩智浦财报显示，2016 年第二季度（截至 2016 年 7 月 3 日），合并后的公司单季营收 23.7 亿美元，其中主要的高功率混合信号产品业务营收高达 20.1 亿美元，占比为 84.8%。高通财报显示，其第三财季（截至 2016 年 6 月 27 日）营业收入为 60 亿美元，其营收主要来自于手机领域的芯片销售和技术授权业务。

- **高通的收购动机**？

高通的技术此前主要集中在手机领域，是全球最大的移动设备和电信设备 SoC 供应商。并购前的 2015 财年，该公司的收入为 250 亿美元，其中 170 亿美元来自于销售芯片，80 亿美元来自技术许可。近年来，高通一直在努力实现业务多元化，并为汽车、物联网、医疗保健乃至数据中心行业提供各种解决方案。虽然该公司一直在通过各种解决方案逐步扩大产品组合，但移动 SoC 仍是其销售产品的主要业务。在恩智浦擅长的领域，高通虽然拥有 CPU、GPU、传感器等 IP，却从未跻身汽车半导体全球前 10 名。

近年来快速增长的汽车芯片市场，已成为高通这一手机芯片巨头眼红已久的肥肉。高通通过这笔收购，能迅速将业务从手机拓展至汽车，使高通成为全球最大的汽车芯片厂商。恩智浦一直专注于混合信号半导体以及各种专用微处理器和微控制器，其产品用于汽车、医疗设备、NFC 设备（恩智浦是这项技术的发明者之一）和数百种其他设备。如能并购恩智浦，高通将在现在炙手可热的自动驾驶汽车、电动汽车等代表新的未来的产业中先期找到了自己的立足点，加之恩智浦自身在 NFC、安全芯片等领域的优势，高通的营收和利润也将呈现多元化，进而大大降低了业务和商业模式单一的风险。

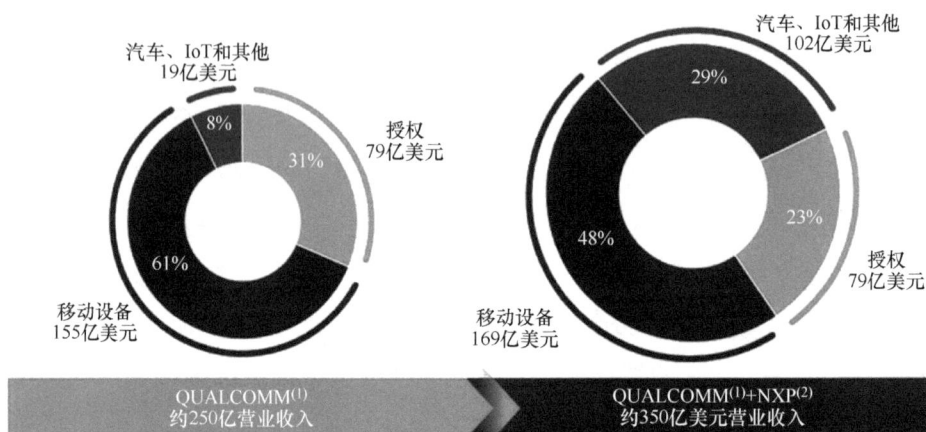

发起并购前的 2015 年，恩智浦营业收入为 61 亿美元，利润为 15 亿美元，2016 年的营业收入预计为 94.8 亿美元。尽管与高通的年营业收入和利润仍存在不小的差距（营业收入不到高通的一半，利润仅为高通的 1/4 左右），但在此前的三年间，恩智浦营业收入的平均增长率约为 11%，相比之下，高通此前一年的营业收入则下滑了 5%。由此可见，并购恩智浦可以提振高通业绩的增长率，这无论对于高通还是投资人都至关重要。合并后的公司将在移动通信、汽车半导体、物联网、安全、射频和网络通信等领域占据领导地位，对高通而言，该交易具有重大的战略和经济利益。

　　√ 战略重要领域的互补技术领先：该交易将通用和汽车等级处理、安全、汽车安全传感器和射频等领域的领先优势结合在一起，支持更完整的系统解决方案。

✓ 移动通信：成为移动 SOC、3G/4G 调制解调器和安全领域的领导者。

✓ 汽车电子：成为全球汽车半导体的领导者，包括 ADAS、信息娱乐电子、安全电子、车身和网络、动力系统和底盘、安全访问、远程信息和连接。

✓ 物联网与安全：成为微控制器、安全识别、移动交易、支付领域的芯片领导者，建立应用程序处理器和连接系统方面的独到优势。

✓ 网络通信：成为有线和无线通信及射频细分网络处理器的领导者，包括 Wave－2 11ac/11ad、射频功率和 BTS 系统。

✓ 财务利益：高通预计，在交易完成后两年内，将产生 5 亿美元的年化运营成本协同效应。该交易结构允许高效率地利用离岸现金流，并使高通能够迅速降低杠杆率。

	QUALCOMM		NXP		QUALCOMM+NXP
年收入	250亿美元	+	100亿美元	=	350亿美元
客户	顶级移动渠道	+	顶级汽车、IoT与安保渠道	=	世界级销售渠道
至2020年的预计总收入	1000亿美元	+	380亿美元	=	1380亿美元

● **收购将使得高通面临一身轻不再的严峻挑战**

众所周知，高通首先开启了芯片产业的无晶圆工厂模式（Fabless），即自己只负责芯片的研发和设计，不负责生产和制造，这种模式有利于降低成本和风险，特别是制造环节的巨额投资风险，而目前的一座能生产最先进芯片的晶圆厂建造成本高达 100 亿美元。高通并购恩智浦之后，将不得不深度参与到大型芯片工厂建设中去，毕竟并购来的恩智浦具有自己的庞大芯片工厂。

工厂更新给高通带来严峻形势。恩智浦的工厂已经普遍老旧，不适宜用于生产新型的芯片，而恩智浦旗下晶圆工厂之所以还能获得较高的利润，部分原因是因为他们的生产设备仍在超期使用。这意味着在未来高通可能会斥资改造或者兴建新的芯片制造工厂，这对于高通有着显著的成本压力。

除资金压力之外，芯片制造工厂的管理、运作等经验方面也是高通面临的较大挑战。更何况，恩智浦仍在整合 2015 年 12 月刚刚完成交易的飞思卡尔半导体。

高通今后的企业经营管理压力猛增。恩智浦约有 44000 名员工，而高通约有 33000 名，显而易见的是，高通的人均贡献收入、人均贡献利润远高于恩智浦的人均水平。并购恩智浦之后，高通的企业规模从人员的角度看扩大了一倍有余，如何管理和整合也是不小的挑战。此外，两者的销售模式截然不同，高通大部分收入来自智能手机厂商的不得不采购，而恩智浦则需要通过庞大销售团队来销售芯片，两者的销售团队并不具备整合的空间，这意味着高通在并购恩智浦之后，将很难像其他芯片企业间的并购那样通过较大规模的裁员降低成本和整合的难度。收购恩智浦对高通来说显然意义重大，但两家公司的整合并不容易。

高通将从一个现金充裕的公司变成一个债务奴隶。如果我们看看高通的最新资产负债表，该公司有 333.6 亿美元的现金和等价物，20 亿美元的有价证券，以及 44 亿美元的非流动资产有价证券。总共有大约 400 亿美元的现金和证券可以用于恩智浦的购买。因此，假设该公司将使用所有上述流动性，它将需要至少借入 40 亿美元来完成交易。在负债方面，高通有 120 亿美元的流动负债和 194 亿美元的长期债务。因此，尽管它只需要额外的 40 亿美元来购买恩智浦，但它必须保留一些现金，因为不能耗尽公司所有的流动性。所以我们可以看到，高通至少会再借 100 亿美元来完成这笔交易。因此，在这笔交易完成后，高通可能会负债至少为 340 亿美元。

未来增长点在短期贡献有限。高通并购恩智浦看中的未来智能汽车（包括电动、自动和无人驾驶等）的前景，这一领域的产业化进展并不顺利。对于高通而言，作为基础的芯片供应商受此影响有限。因此，智能汽车何时能够迎来真正的产业爆发点，在某种程度上也决定着高通此次并购何时可以迎来最大的回报。

● **未能通过监管机构批准，终止收购**

2018 年 7 月 26 日北京时间中午 12:00，收购协议正式到期。我国商务部的许可并未下达，这意味着收购案以失败告终。

交易的过程一波三折。

先是恩智浦股东 Elliott Management 公司和 Ramius Advisors 公司相继反对该交易，称高通严重低估了恩智浦的价值。为此，高通不得不将收购价格一再提高，单价从 110 美元提高到 127.50 美元，总价从 380 亿美元提价到 440 亿美元。

然后还面临着本次的最大阻碍——监管。2017 年 6 月，欧盟方面表示，由于担心并购可能损害竞争，对这宗收购案展开了深入调查。直到 2018 年 1 月，欧盟方面才批准高通对恩智浦的收购，然后最终未能得到我国商务部的正式批准。

高通将根据协议，将向恩智浦支付 20 亿美元，结束对恩智浦的失败收购。

虽然高通未能成功并购恩智浦，但两家公司仍然是各自市场领域的龙头企业，并占据领导地位。高通正引领着全球的 5G 浪潮，而恩智浦则继续在业内最大的 MCU、MPU 和 SOC 产品组合基础上，结合传感器和互联技术，用于无人机、车辆和工业解决方案等新兴应用。

5.4　所谓涩者，一波三折

美新半导体，本土加速度传感器的王者

- **美新半导体是谁？**

美新半导体本质上是中国企业。其创始人赵阳，毕业于北京大学，在美国获得博士学位，其后在美国 ADI 公司从事研发设计工作。赵阳博士 1999 年回国创业，创立了美新半导体（无锡）有限公司，并在 2007 年成功在美国纳斯达克上市，成为世界上第一家、也是唯一一家纯 MEMS 产品的上市公司；2013 年完成私有化。美新在美国波士顿设有 MEMS 研发中心，在芝加哥的设计中心设有高精度模拟集成电路设计及研发团队，在上海设有传感器应用算法和软件开发团队，在无锡设有产品设计及全球生产基地。

美新半导体的主打产品是加速度传感器，是知名的加速度传感器生产厂商。其产品涵盖了加速度传感器、倾斜计、惯性系统、磁传感器、流量计、电流传感器等，采用 CMOS 工艺。其产品可分为加速度传感器、地磁传感器、汽车类传感器三大类。从收入构成来看，美新的营业收入主要来自于消费电子和汽车两大领域，其中消费电子占比近 70%，汽车收入占比约 30%。

美新半导体是国内少数实现 MEMS 器件及系统产品大规模产业化生产的公司之一，年产量超过 1.5 亿颗，产品具有一定的技术优势。其加速度传感器占全球市场份额为 3%~5%，在全球市场排名第五，地磁传感器在全球第三，市场份额虽不到 10%，但在我国市场位居第一位。

- **美新半导体面临发展瓶颈**

美新半导体在 MEMS 的低成本、可靠性两方面具有突出的实力，特别在国内具有相当的比较优势，这是美新半导体在国内 MEMS 出货量上领先的重要原因。因此，美新半导体的大部分产品，与国内同行相比，具有一定的竞争优势，这也是美新半导体 2007 年能到纳斯达克上市的原因。由于起步晚、研发投入相对不足等原因，美新半导体的产品仍然只能聚焦在中低端、特别是低端市场，与国际竞争对手相比，差距比较明显；这也是我国整个 MEMS 行业的普遍现状。在国际市场上，意法半导体（ST）和博世占据了传感器市场的大半江山，再加上德州仪器（TI）、美国 ADI 公司等国际巨头瓜分掉的市场，美新半导体等国内公司面临的技术竞争和市场竞争压力非常巨大。此外其还面临着两大技术风险：

1）传感器技术与国际上的巨头相比还不够先进。美新半导体由于中低端产品占比较高，其主要产品加速度传感器已经赢得了物美价廉的美誉，例如此前不久发布的单片集成 3 轴加速度传感器。从另一方面来看，iPhone 手机早经采用 6 轴惯性传感器，应美盛也已推出 9 轴组合传感器，美新半导体的加速度传感器的技术并没有突出竞争优势，无法引领下一代智能手机的主流。

2）美新半导体最新推出的部分产品，基于 AMR 技术授权，长期看会有潜在的专利授权风险。从国际经验看，加速度传感器与陀螺仪技术是非常完美的组合补充，美新半导体如需考虑建立长期发展优势，急需补充更多传感器产品序列，形成诸如 6 轴 IMU 等有效的产品组合，如此方具有强大的市场竞争能力。

- **华灿光电首次收购美新半导体案**

2016 年 7 月，国内第二大 LED 芯片生产企业、上市公司华灿光电宣布收购美新半导体。IDG 资本携义乌国资、光大控股对美新半导体进行收购，并计划在交割完成后出售与华灿光电。2017 年 5 月，收购方案通过美国 CFIUS 审查。

关于估值。美新半导体 2015 年收入 31578 万元，净利润 4179 万元。华灿光电收购估值为 16.5 亿元。相对于 2013 年私有化退市时 10 亿元市值，增值 60%。

华灿光电的收购动机。华灿光电收购美新半导体，是在产业链延伸上的最新尝试。若能成功收购，华灿光电将进入到半导体设计领域，从而进入到半导体增速最快的细分领域即传感器行业，形成 LED 业务和 MEMS 传感器业务并进的格局，通过多元化的产品结构为公司业绩提供新的增长点，使公司的产业链延伸的同时，业务单一的弊端也能大幅改善。从长期战略角度来看，美新半导体的客户群以汽车电子和消费电子为主，这与华灿光电未来的发展方向相吻合。从竞争对手规模优势看，我国 LED 芯片市场，台湾晶元、三安光电和华灿光电位于行业前三位，华灿光电与前两名相比，无论是企业规模还是市值，都有显著的距离。如果能顺利收购美新半导体，华灿光电有望急速缩短与行业龙头企业的差距，并且可能取得部分核心技术优势。

美新半导体的动机。业内认为，美新半导体 2003 年的私有化，目的是尽可能享受到股市的较高市盈率，因此被华灿光电收购是顺理成章之事。与美国纳斯达克连续十数年仅仅个别半导体企业上市、市场较为沉闷、定价偏低普遍相比，国内新兴产业龙头企业颇受投资者欢迎。对于技术和产品替代进口能力强、在细分领域占据统治地位的企业而言，获得数倍于纳斯达克市场的市盈率是可以预见的结果。

收购戛然而止。2017 年 8 月 3 日，华灿光电向证监会申请中止公司正在推进的一份定增计划，预计交易对象为其关联股东即 IDG。华灿光电表示，到申请时为止，本次发行股份购买资产申请文件中部分财务数据有效期已到期，公司及标的公司需进行补充审计。目前正在加紧重新审计，择机重启这项收购计划。

IDG 的一次长袖善舞。本次收购案，无论是收购主体、还是收购标的，都是同一个实际控制人（IDG）旗下资产。华灿光电大股东 Jing Tian Capital I 归属 IDG – Accel，而美新半导体正是于 2013 年被 IDG – Accel 中国成长基金 II 及旗下附属基金私有化。因此，本次收购案，更可以看作是 IDG 在 MEMS 并购市场上的一次长袖善舞。

- **华灿光电再次收购美新半导体案**

2018 年 1 月 24 日晚，证监会官网披露，华灿光电重组方案经并购重组委审核获得有条件通过。2016 年 10 月，华灿光电披露拟以 16.5 亿元对价收购美新半导体 100% 股权。在历时近一年半之后，国内 MEMS 行业首个大规模并购案完成了全部行政审批。

第6章
逐渐清晰的 MEMS 投资方向

国家希望提升 MEMS 产业整体能级，地方政府希望 MEMS 项目落户生根，投资者则希望 MEMS 企业抓住市场机会实现资金的低入高出。各有诉求，互有补充，不相冲突。投资者可从国家和地方政府的政策导向，找到一个利益最大化的投资选择；而国家和地方政府，则应充分尊重投资者的市场化抉择，吸附真正有市场竞争力的 MEMS 企业落户，如此才是我国 MEMS 产业之幸。

6.1 政策引导下的投资方向

MEMS 技术广泛应用于各种传感器芯片，它们是完成信息感知和信号转换的产品集合，是人工智能、物联网、大数据等新一代信息技术的感知基础和数据来源，已成为推动经济社会发展的关键基础与重要引擎。因此，我们可以从国家和地方政府的政策导向，一窥 MEMS 技术的投资方向。

6.1.1 政策在说什么

6.1.1.1 《中国制造 2025》

《中国制造 2025》是我国的重大战略。国家力争通过三个十年的努力，到新中国成立一百年时，建设成为引领世界制造业发展的制造强国。而《中国制造 2025》是我国实施制造强国战略第一个十年的行动纲领。

《中国制造 2025》提出，将集中投资于人工智能（AI）和大数据分析等尖端技术，到 2025 年推动国内制造业转变为高附加值产业，还提出工业机器人和手机零部件等个别品类提升本国制造比率的目标。根据计划，预计到 2025 年，中国将达成从"制造大国"变身为"制造强国"的目标，而到 2035 年，中国的高端制造业将赶超发达国家的目标。在这个计划下，中国力争将若干科技本土化，在 10 个主要工业建立科技领先地位。

《中国制造 2025》是国家发展高端制造业的纲领文件，也是 MEMS 产业的指导性文件。在计划中，与 MEMS 相关的更多放在了新型传感器上，譬如"加快发展智能制造装备和产品，突破新型传感器等智能核心装置，推进工程化和产业化。"

6.1.1.2 《"十三五"国家战略性新兴产业发展规划》

战略性新兴产业代表新一轮科技革命和产业变革的方向，是培育发展新动能、获取未来竞争新优势的关键领域。未来 5 ~ 10 年，是全球新一轮科技革命和产业变革从蓄势待发到群体迸发的关键时期。信息革命进程持续快速演进，物联网、云计算、大数据、人工智能等技术广泛渗透于经济社会各个领域，信息经济繁荣程度成为国家实力的重要标志。增材制造

（3D 打印）、机器人与智能制造、超材料与纳米材料等领域技术不断取得重大突破，推动传统工业体系分化变革，将重塑制造业国际分工格局。

MEMS 制造作为核心关键制造能力，在《"十三五"国家战略性新兴产业发展规划》中归属于："提升核心基础硬件供给能力"，即 "提升关键芯片设计水平，发展面向新应用的芯片……加紧布局后摩尔定律时代芯片相关领域……推动智能传感器、电力电子等领域关键技术研发和产业化，提升新型片式元件、光通信器件、专用电子材料供给保障能力"。

6.1.1.3　《"十三五"国家科技创新规划》

《"十三五"国家科技创新规划》（以下简称"规划"）主要明确了"十三五"时期科技创新的总体思路、发展目标、主要任务和重大举措，是国家在科技创新领域的重点专项规划，是我国迈进创新型国家行列的行动指南。

《规划》将新型 MEMS 传感器放在新一代信息技术的重要位置："大力发展泛在融合、绿色宽带、安全智能的新一代信息技术，研发新一代互联网技术，保障网络空间安全，促进信息技术向各行业广泛渗透与深度融合。""发展微电子和光电子技术，重点加强极低功耗芯片、新型传感器、第三代半导体芯片和硅基光电子、混合光电子、微波光电子等技术与器件的研发。""开展新型光通信器件、半导体照明、高效光伏电池、MEMS（微机电系统）传感器、柔性显示、新型功率器件、下一代半导体材料制备等新兴产业关键制造装备研发"。

《规划》重点提及了两个应用环境，即

1）"工业传感器。开展工业传感器核心器件、智能仪器仪表、传感器集成应用等技术攻关，加强工业传感器技术在智能制造体系建设中的应用，提升工业传感器产业技术创新能力。"

2）"海洋环境安全保障。发展近海环境质量监测传感器和仪器系统、深远海动力环境长期持续观测重点仪器装备，研发海洋环境数值预报模式，提高海洋环境灾害及突发事件的预报预警水平和应急处置能力。"

6.1.1.4　《信息通信行业发展规划（2016—2020）》

《信息通信行业发展规划（2016—2020）》（以下简称《规划》）致力

于提升我国物联网产业的核心竞争力。要推进物联网感知设施规划布局，加快升级通信网络基础设施，积极推进低功耗广域网技术的商用部署，支持 5G 技术研发和商用实验，促进 5G 与物联网垂直行业应用的深度融合。建立安全可控的标识解析体系，构建泛在安全的物联网。突破操作系统、核心芯片、智能传感器、低功耗广域网、大数据等关键核心技术。在感知识别和网络通信设备制造、运营服务和信息处理等重要领域，发展先进产品和服务，打造一批优势品牌。

《规划》明确将传感器技术作为其关键技术突破工程的第一位。

关键技术突破工程：传感器技术

　　核心敏感元件：试验生物材料、石墨烯、特种功能陶瓷等敏感材料，抢占前沿敏感材料领域先发优势；强化硅基类传感器敏感机理、结构、封装工艺的研究，加快各类敏感元器件的研发与产业化。

　　传感器集成化、微型化、低功耗：开展同类和不同类传感器、配套电路和敏感元件集成等技术和工艺研究。支持基于 MEMS 工艺、薄膜工艺技术形成不同类型的敏感芯片，开展各种不同结构形式的封装和封装工艺创新。支持具有外部能量自收集、掉电休眠自启动等能量贮存与功率控制的模块化器件研发。

　　重点应用领域：支持研发高性能惯性、压力、磁力、加速度、光线、图像、温湿度、距离等传感器产品和应用技术，积极攻关新型传感器产品。

　　同时，《规划》高度重视 MEMS 传感器在物联网的应用环境，提出面向移动终端，重点支持适用于移动终端的人机交互、微型智能传感器、MEMS 传感器集成、超高频或微波 RFID、融合通信模组等技术研究。面向物联网融合应用，重点支持操作系统、数据共享服务平台等技术研究。突破数据采集交换关键技术，突破海量高频数据的压缩、索引、存储和多维查询关键技术，研发大数据流计算、实时内存计算等分布式基础软件平台。结合工业、智能交通、智慧城市等典型应用场景，突破物联网数据分析挖掘和可视化关键技术，形成专业化的应用软件产品和服务。

6.1.2　政府想要什么

国家的政策导向，寄希望于产业界能把握新一代信息技术深度调整的战略机遇期，通过提升传感器特别是基于 MEMS 技术智能传感器产业的核心竞争力，实现产业技术能级提升，保障国家信息安全的目标。

智能传感器作为与外界环境交互的重要手段和感知信息的主要来源，是指具有信息采集、信息处理、信息交换、信息存储功能的多元件集成电路，是集成传感芯片、通信芯片、微处理器、驱动程序、软件算法等于一体的系统级产品，市场应用正呈现爆发式增长态势，已成为决定未来信息技术产业发展的核心与基础之一。同时，物联网、云计算、大数据、人工智能应用的兴起，推动传感技术由单点突破向系统化、体系化的协同创新转变，大平台、大生态主导核心技术走向态势明显，已成为发达国家和跨国企业布局的战略高地。经过近些年的发展，我国智能传感器技术与产业具备了加快突破的基础，但由于起步较晚，目前仍面临产品有效供给不足、技术创新能力不强、产业生态不健全、科研生产与应用不协同等问题，由此带来的产业安全、信息安全挑战不容忽视。

6.1.2.1　补齐设计、制造关键环节短板，推进智能传感器向中高端升级

工业和信息化部印发了《智能传感器产业三年行动指南（2017—2019年)》，其中描绘了国家在智能传感器领域的主攻方向和重点任务。其指出重点攻关智能传感器可靠性设计与试验、模拟仿真、信号处理、无线通信、电子自动化设计（EDA）工具、软件算法等关键技术，推进器件设计与制造工艺的深度结合，提升产品性能，降低生产成本，提高市场竞争力。

着力突破硅基 MEMS 加工技术、MEMS 与互补金属氧化物半导体（CMOS）集成、非硅模块化集成等工艺技术，持续提升工艺的一致性、稳定性水平，同时探索发展满足多领域、多品种、多厂商、多批次智能传感器定制生产的柔性制造模式。推动发展器件级、晶圆级 MEMS 封装和系统级测试技术，鼓励研发个性化或定制化测试设备。

支持企业探索研发新型 MEMS 传感器设计技术、制造工艺技术、集成创新与智能化技术等，持续提升原创性研发能力，逐步构建高水准技术创

新体系。MEMS 核心技术攻关工程如下：

智能传感器设计集成技术	推动基于 MEMS 工艺的新型生物、气体、液体、光学、超声波等智能传感器设计技术的研发；提升 MEMS 传感器集成化水平，推动集成距离、环境光、三维景深等光学组合智能传感器产品实现商用，探索研发集成压力传感、麦克风、湿度传感、气体传感等的开放组合产品；着力攻关智能传感器配套软件算法，研发具备信息采集、存储、计算、传输、自校正、自动补偿、自判断、自决策等功能的智能传感器，推动传感器由分立器件向数字化、网络化、系统集成与功能复合以及应用创新方向发展
制造及封装工艺技术	推动研发主流和特种 MEMS 工艺技术，提升加工水平和工艺一致性、可靠性、稳定性；加速 MEMS 传感器芯片制造工艺量产进程，推动深硅刻蚀、薄膜沉积、薄膜应力控制等核心制造工艺升级，提升智能传感器制造良率及稳定性；持续攻关硅通孔、晶圆减薄、晶圆键合等关键工艺技术，推动晶圆级封装、三维封装技术研发及产业化

6.1.2.2 面向消费电子、汽车电子、工业控制、健康医疗等重点行业领域，开展智能传感器应用示范

提升消费电子智能传感器一体化解决方案供给能力，推进光学传感器、惯性传感器、硅麦克风向高精度、高集成、高性能方向演进，加快智能传感器产品在高端消费电子领域实现规模应用。

完善新型高端汽车智能传感器布局，加速汽车压力传感器、惯性传感器集成化发展进程，重点布局激光雷达等车用先进智能传感器研究，提升产品智能化水平，推动汽车传感器由感知型向分析型发展演进。

推进工业智能传感器智慧应用，提升工业惯性传感器、气体传感器稳定性与可靠性，突破传感器数据融合处理关键技术，增强数控机床、工业机器人、制造装备等深度感知和智慧决策能力，持续提升智能传感器在工业领域的应用水平。

拓展医用智能传感器应用领域，发展符合医疗电子高灵敏度、高信噪比、高安全特性要求的生物传感器产品，推动医用智能传感器从病人监测、体外诊断、医疗成像和病人护理应用场景向视网膜植入、外骨骼、心脏起搏器等新兴领域延伸。

产业部门、应用部门、产业集聚区将积极组织智能传感器应用示范项目，加强产用对接，加快智能传感器在重点领域的创新应用。支持行业协会、

产业联盟等行业社团对智能传感器示范应用的典型案例加强宣传和推广。

6.1.2.3　筹建智能传感器创新中心，进一步完善技术研发、标准、知识产权、检测等公共服务能力，助力产业创新发展

支持建设国家及省级智能传感器创新中心，发挥好相关传感网创新示范区作用，依托高校、科研院所、产业园区现有的设施平台，保证资金持续投入，完善并更新设备设施，提升研发设计、中试等公共服务平台的承载能力，积极开展基础共性技术的联合研发、标准制定、专利布局及运营等工作，帮扶中小企业发展壮大。

建立智能传感器产品测试中心，注重完善测试方法和测试标准，提高主流产品测试技术水平和效率，推动提升智能传感器产品的质量和性能，加快相关智能传感器产品进入市场应用的步伐。

支持行业协会、产业联盟等行业组织发展，鼓励其参与相关规划、公共政策和标准制定等工作，开展行业数据统计分析，建立信息资源共享机制，为产业发展提供技术咨询、政策引导、市场开拓等服务。

2018 年 7 月 3 日，国家智能传感器创新中心启动会在上海举行。国家智能传感器创新中心以关键共性技术研发和中试为目标，专注传感器设计集成技术、先进制造及封测工艺，布局传感器新材料、新工艺、新器件和物联网应用方案等领域，以"公司 + 联盟"模式运行，力争打造世界级智能传感器创新中心。

建设目标	通过建设智能传感器创新中心，形成一批具有知识产权和核心竞争力的关键技术成果，培养一批复合型创新人才骨干，核心器件设计与制造技术达到国际水平
组织机制	依托基础条件较好的科研院所和骨干企业，以资金或知识产权入股形式合资设立独立的法人主体
发展模式	短期由政府扶持建立，中长期逐步向"政府引导、企业主导"的市场化运作模式过渡
主要任务	一是突破敏感材料、关键工艺、软件算法等发展瓶颈，着力提升智能传感器设计和制造水平；研发高深宽比干法体硅加工技术，晶圆级键合技术，集成电路与传感器的系统级封装（SIP）技术、系统级芯片技术，通信传输技术等共性技术。二是联合应用企业研发适用于消费电子、工业、农业、交通、生物医疗等行业的量大面广以及面向航空、航天、深海探测等特殊应用的智能传感器产品，提升供给能力。三是开展创新人才培养，建立跨学科的复合型人才培养机制

6.1.2.4　合理规划布局，进一步完善产业链，促进产业集聚发展

围绕智能传感器产业、技术、智力资源比较丰富的地区，集中力量打造以上海、江苏为重点的长三角产业集聚区，以深圳、广州为重点的珠三角产业集聚区以及以北京为重点的环渤海产业集聚区，推动西安、成都、重庆、武汉、哈尔滨等侧翼地区产业发展。

引导智能传感器产业组织方式向虚拟集成设计制造（IDM）模式或 IDM 模式发展，支持企业开展传感器敏感材料、器件设计、系统集成、制造工艺和封装工艺的联合攻关，提升关键环节配套水平，完善智能传感器产业链布局，增强产业协同发展能力。

加强骨干企业培育，鼓励骨干企业整合现有产业资源，打通产业链条，面向重点应用领域方向，形成系统级智能传感器解决方案，引领带动产业集群向规模化、高端化发展。

产业链升级工程如下：

敏感材料	加快 AiN、PZT 等敏感材料应用于 MEMS 智能传感器制造的关键技术攻关，推动铁/钴/镍等磁性材料、氧化钒等红外辐射材料、铬/金/钛/铜/铝等金属的氧化物材料技术革新，提升相关智能传感器产品性能
设计工具	推动 MEMS 器件结构设计与验证、MEMS + ASIC 协同设计、不同类型智能传感器产品级分析等软件工具研发，拓展其在智能传感器产品设计制造中的应用
系统集成	推动智能传感器数据融合、数据预处理等专用集成电路，平面集成、三维集成智能传感器产品研发及产业化
制造设备	推动深硅刻蚀设备、晶圆键合机、光刻机、薄膜沉积设备、扩散炉等用于 MEMS 制造设备的研发及产业化
测试设备	推动满足大规模、高精度测试要求的转台、振动台等惯性传感器测试设备，磁场发生器等磁传感器测试设备，压力腔、压力校验仪等压力传感器测试设备，消声腔等麦克风测试设备等的研发及产业化

6.2　不同投资人眼中的 MEMS 投资机会

投资大、回报周期长的特征曾长期为半导体产业投资竖立了"无形壁垒"。但近年来，中国半导体产业风起云涌，新一轮的投资热潮来势汹汹。

国家集成电路产业投资基金和各地方产业投资基金所代表的政府资金、大型科技公司内部的风险投资部门，以及活跃于半导体产业的民间资本三股力量涌入半导体产业。MEMS 领域则是投资人关注的热点。

6.2.1 政府投资平台

2014 年被许多业内人士认为是中国集成电路产业政府投资基金的发展元年。在国务院发布《国家集成电路产业发展推进纲要》后，集成电路大基金宣告设立。

2016 年前后，在国家大基金的指引下，在各地地方政府的全力支持下，地方集成电路产业基金纷纷开始设立。其中，上海市集成电路产业基金总体规模为 500 亿元人民币，包括 300 亿元规模的集成电路制造基金、100 亿规模的集成电路设计基金、100 亿规模的集成电路装备和材料基金。同年，上海还设立了目标规模 100 亿、首期 20 亿元的上海硅产业投资基金并启动运营，如此上海集成电路产业基金总规模达到了 600 亿元。

之所以用"政府投资平台"来表述政府侧的投资人，是因为我国绝大部分政府对产业出资，并非通过产业投资基金，而是通过地方政府的投资公司主体。

政府投资平台的定位

政府投资平台看重的是投资标的对本区域的产业提升，包括产业规模、上下游企业跟进落户和税收多个方面；看重的是国家、区域或者城市的长期经济发展空间，这也是政府主导的产业投资基金与市场化投资基金的主要区别。

政府投资平台投资的典型案例比比皆是，譬如南京市政府投资平台出资支持台积电 12in FinFet 工厂落户，厦门市政府投资平台出资支持台联电 12in FinFet 工厂落户，成都市政府投资平台计划出资支持环球晶圆公司 12in FD SOI 工厂落户，这些在 5～8 年都很难看到直接的经济效益，但一座数百亿元人民币的 12in 工厂，往往将带动至少数十家设计企业、材料企业落户并形成区域集聚，对本地区的产业带动作用意义重大。

政府投资平台在 MEMS 领域的投资选择

个人认为，投资并形成 MEMS 制造能力，是政府投资平台最值得关注的投资方向；毕竟，有了制造能力，MEMS 相关设计公司自然会趋之若鹜，蜂拥汇聚。

芯片强，则芯片产业恒强，这句话同样适用于 MEMS 这一芯片特色工艺领域。

从国家芯片工业竞争力看，美国、日本、欧洲在 20 世纪 80～90 年代，芯片工业都是无比强大，各有千秋，譬如日本的东芝、NEC，欧洲的飞利浦、英飞凌、意法半导体，都是一时之选，实力并不逊于美国的英特尔、摩托罗拉。然而 20 世纪 90 年代以来，日本和欧洲的制造技术发展相对放缓，其中日本 NEC 将当时最为先进的 8in 线工艺转移到上海，荷兰飞利浦把全球刚兴起尚未大放光彩的数字芯片加工技术授权给台积电，这两家基本放弃了自身的芯片加工能力的升级。20 年后的今天，日本、欧洲的芯片设计（含 IDM）虽然非常强大，但国家的芯片产业整体竞争力与美国相比，已经不可同日而语，再也难以望美项背。

从国内芯片发展历程看，上海最早布局芯片制造，从 20 世纪 80 年代的贝岭，到 90 年代的华虹，到 21 世纪初的中芯国际，芯片制造有体量、有层次、有特点，自然而然地吸引了大批芯片设计、装备、材料、测试企业慕名而来，当然这与上海 2000 年以来连续 18 年的集成电路产业政策关系也很密切。北京在国内起步略晚，但中芯工厂 12in 能力不弱，聚焦了一些设备、设计厂商，因此成为本土第二重镇。反观深圳，作为国内创新活力公认第一的城市，一直也有不错的集成电路产业政策，但因为一直没有像样的芯片制造能力，整个产业发展相对不温不火。比较一下深圳与上海的芯片设计业，收入在 1000 万～2 亿人民币之间，年增长 30% 的新兴企业，深圳直到今天还是不如上海集聚，这也是产业链自然选择的结果，毕竟在 30km 范围内有华虹、中芯、先进、新进这些芯片制造供给，对设计企业非常重要。

对政府投资平台而言，具体到如何投资形成 MEMS 制造能力，不外乎两个途径：一是支持市场化投资基金出资收购全球顶尖 MEMS 相关制造公司，向市场化投资基金提供低成本的杠杆，降低市场化投资基金的资金压力和成本压力，但要求并购完成后在境内新设工厂必需位于本省、本市、本开发区内。二是通过招商引资，吸引国内诸如华虹宏力、中芯国际的 8in MEMS 特色工艺新增产能落户。以上两种，均为扬长避短，扬政府投资平台资金之长、政策之长，避不擅技术之短，可最有效地搭建本省、本市、本开发区的 MEMS 特色工艺梧桐树，引来众多 MEMS 设计企业的金凤凰。

6.2.2　科技公司投资平台

像英特尔、三星、高通、谷歌、联发科、瑞萨等全球顶尖的高科技公司，都有自己的内部风险投资部门或风险投资子公司。大型科技公司的对外投资往往看重的是上下游整合，为自己创造进入上游的机会；有的则是主业战略拓展。他们去识别、投资下一代科技，并基于对下一代科技发展方向的认识，并购了大量的集成电路芯片企业。

科技公司投资平台的定位

在投资阶段上，科技公司投资平台一般以投资初创为主，但有别于风险投资的是，其首要目标往往设定在与母公司业务相关的上下游公司，一般并不刻意追求与公司主业关联度不高的高价值标的。

在持有策略上，当被投资公司成长到一定规模后，科技公司投资平台往往会考虑全资并购纳入旗下的选项，例如 2018 年第三季度赛灵思全资收购了此前早已持股的深鉴科技。科技公司投资平台的这一策略，与风险投资倾向于择机卖出持有股份有很大的不同。

科技公司投资平台在 MEMS 领域的投资选择

考虑到科技公司投资平台选择标的首要标准是与主业的互补性、相关性，因此不同科技公司的选择也迥然不同。譬如，欧菲光电、舜宇光电作为手机模组的龙头企业，会优先关注欧美 MEMS 防抖芯片企业，对其模组产品升级换代和市场竞争力意义重大。

6.2.3　市场化投资基金

市场化投资基金通常以民间资本为主，以投资收益为导向。市场化投资基金或许缺乏政府产业投资基金更偏重社会效益的出手"大气",也没有大型科技公司投资部门自带的上下游资源禀赋,但具备两者普遍缺少的一个核心能力,即专业素养。其核心团队的数十年丰富行业经验,对半导体创业企业少走弯路、快速赶超具有极大的价值。

考虑到 MEMS 制造（含代工、IDM、设备研制）的长周期,市场化投资基金往往更青睐于见效更快的芯片设计板块。对于规模较大的市场化投资基金,则往往会考虑成熟 MEMS 企业的全资并购。

在我国大力发展集成电路产业的背景下,政府主导的基金、科技公司的投资基金和民间资本为主的市场投资基金在投资和并购 MEMS 相关企业方面,有很强的互补和合作空间。举例来说,一个典型的海外 MEMS 企业并购案,通常是由民间资本发现和对接并购标的对象,再撬动政府基金的资金盘子,收购完毕后择时装到大型科技公司。

三方谁也取代不了其他方,各自的优势和短板都很明显。民间资本最有活力,政府基金最有财力,科技公司投资部门最有底气。三方齐发力,相信我国很快就会迎来 MEMS 的春天!